宁波市场主体发展的实证研究

——基于企业生命周期理论

■ 吕东裕 主编

ZHEJIANG UNIVERSITY PRESS
浙江大学出版社

编 委 会 成 员

序

市场主体是市场经济的细胞，也是一个区域经济社会发展的依托和活力之源。企业作为市场主体，是保增长、扩内需、促调整的根本，是稳就业、优民生、保稳定的基础；企业的健康运行直接关系到经济发展、民生福祉和社会稳定。目前宁波有近400万外来务工人员，他们绝大多数集中在企业；宁波近万家外贸及相关企业直接和间接带动就业约300万人，占宁波常住人口的三分之一以上；近几年宁波农村居民人均纯收入中，工资性收入占60%以上；市区居民人均可支配收入中，工资性收入所占的比例更大，达到75%以上。因此，要使经济和社会稳定、健康、持续发展，就必须要有旺盛生命力的企业——市场主体作后盾。有鉴于此，宁波市工商行政管理局充分挖掘利用经多年努力构筑起来的"经济户口"电子档案库中的庞大数据，顺时应势，于2006年率先在全省乃至全国探索建立了市场主体信息报告披露制度，为宁波广大企业正确自我定位提供了大容量资讯，也为宁波市委、市政府制定实施相关经济政策措施提供了重要决策依据。

民生为本，企业为基。还在美国次贷危机刚刚露头的2007年，宁波市工商行政管理局就邀约浙江大学等专家教授，运用国内外企业生命周期理论的研究成果，通过大量的数据分析和点上的抽样调查，寻求企业从新生到消亡的规律，勾勒出宁波企业生存和发展的现实轨迹。这是一项很有意义的研究工作。现在，美国次贷危机已经演变为百年罕见的国际金融危机，对实体经济的影响仍将进一步加深。宁波作为中国改革开放度最高、经济外向度最大的国际港口城市之一，又是浙江资源性、能源性临港重化工业最发达的港口城市，港口经济、民营经济、开放经济为主的特点，决定了这场危机对我们宁波冲击时间最早、冲击力度最大、冲击影响范围最广。《宁波市场主体发展的实证研究——基于企业生命周期理论》课题研究成果在这一特殊背景下付梓出版，其现实意义自然不言而喻。

正是由于本书提出的一些对策建议，注重理论联系实际的学风，注重可行性、可操作的政策和具体举措的建议的研究，为广大企业应对危机、平稳发展提供了指导，为宁波市委、市政府科学决策提供了参考和借鉴。这种注重应用的研究是值得赞赏和大力倡导的。

《宁波市场主体发展的实证研究——基于企业生命周期理论》的课题研究，旨在通过对宁波企业现状的描述，多维度、深层次和分行业、分地区、分类别作出评价，提出企业扬长避短、做大做强的参考建议。本书的价值不仅仅局限于上述遭遇国际金融危机之时的特例运用，还在于阐释在常态下宁波市场主体根据企业生命周期理论，如何正确把握自己所处的发展阶段，有针对性从企业硬实力——资金、技术、设备、市场、产品(服务)和软实力——发展战略、创新能力、管理水平、人员素养、品牌信誉等各个方面不断内强素质、外树形象，实现自我完善、自我更新，永葆企业长盛不衰。这些建议是否管用，还应该接受实践和市场的检验，但毕竟是有参考价值的。

“问渠哪得清如许，为有源头活水来”。情况总是在变化，认识总是在深化。我殷切希望宁波市工商行政管理局和各方面的专家继续关心各类企业，加大对现实问题的研究，不断完善创新服务的举措，不辜负企业对政府的期待和信任，为宁波经济社会又好又快发展和现代化国际港口城市建设作出新贡献。

宁波市市长：毛光烈

目 录

第1章 企业成长发展的生命周期理论

企业生命周期理论是指通过将企业组织和生命有机体类比，把组织当作有自我生命的有机体，结合进化论而发展出来的理论，该理论认为企业和任何生命有机体一样，在其生态环境中经历着从孕育诞生、成长、成熟、衰退、复苏或消亡等过程，而且每一阶段都在外界生态环境中通过竞争获得资源和输出资源，完成自己的新陈代谢，改变组织自身的有机结构实现成长壮大。

组织生命和有机体生命有极大的相似之处，两者之间的类比也是组织生命周期的理论基石。不过两者之间毕竟还存在巨大差别，了解两者间的差别将帮助我们更好地理解组织生命周期。美国学者J. W. 戈登尼尔系统地探讨了社会组织的生命力与生命周期问题，提出了两个重要界定：一是人们可以预测自然生命体的生命周期但无法预期一个社会组织的生命周期；二是一个组织在经历了停滞后仍有可能恢复生机。由此得出结论：一个组织可以持续不断地实现自我更新，这对我们的未来无疑有着深远的意义。

20世纪70年代中期，耶鲁大学的副教授金伯利(John R. Kimberly)和米勒思(Robert H. Miles)第一次明确地提出组织生命周期的概念，利用生物类比的方法解释了组织生命周期的概念，认为“组织要经历产生、成长和衰退，其后要么复苏，要么消失”。组织生命周期的提出，为企业生命周期理论的产生奠定了基础。

第1节 企业生命周期理论及其发展

1.1.1 企业生命周期的理论研究

在金伯利(Kimberly)等人提出组织生命周期概念前，已经有不少人展开了企业成长的阶段性和规律性问题的研究，如唐氏(Downs，1967)对企业成长进行系统观察后区分出了三个阶段:第一阶段是在正式诞生前后,公司追求自治权、合法性及争取环境中所需的资源达到生存阈限;第二阶段是争取快速成长和扩张,注重创新和改革;第三阶段则公司发展变得平缓,制度和程序更加精细化和正式化,注重预见性和协作,由追求改革和扩张到追求正式化和控制。同时期的里皮特(Lippitt)和斯密特(Schmidt)也把企业成长分成三个阶段。第一阶段是诞生期,公司主要任务是创建运营系统,努力生存;第二阶段是青年期,公司主要任务是保持发展的稳定性并努力获得良好的名誉;第三阶段是成熟期,在领域的扩张中达到公司独特性和适应性。斯坦梅茨(Steinmetz,1969)系统地研究了企业成长过程,发现企业成长过程呈S形曲线,一般可划分为直接控制、指挥管理、间接控制及部门化组织等四个阶段。比如,当企业经过初创期后就会考虑规模扩张,此时就需要引入管理者。为了激发他们的积极性和创新性,企业所有者必须进行一定程度的授权,并开始实行规范化管理。1971年,斯科特(Scott)提出了企业成长的三个阶段。其中,处于阶段一的企业几乎没有正式的组织结构,其特点是单一产品,个人控制,家长式的奖励;阶段二的企业在组织结构上形成了功能的专业化,并采用非个人的激励系统,在阶段三,企业逐步形成了多元化的产品结构和市场,管理方式从非正式个人化向正式的制度化发展,并进一步壮大为多元化的集团。

1.1.2 Greiner 的组织生命周期理论

葛雷纳(Greiner,1972)发表的《组织成长的演化与变革》(*Evolution and revolution as organizations grow*)一书,标志生命周期理论走上了一个更加成熟的台阶。书中,葛雷纳将企业看作为一个有机体,认为组织的发展和未来不是由外部的环境和力量决定的,而是由组织的发展历史所决定的。葛雷纳把企业成长明确地划分为五个阶段,认为每个阶段都包含了一段相当平静的平稳发展期,称之为演化(Evolution),以及一个变化相对剧烈的动荡发展期——变革(Revolution)。一个企业在演化到了一定的程度,就会出现其内在机制和外部因素之间的矛盾,由此带来了相应的管理危机。葛雷纳认为,这些管理危机必须通过剧烈的变革加以解决。一旦该企业通过变革成功地化解了危机,那么它就顺利进入到下一个发展阶段了。

葛雷纳从组织年龄、组织规模、平稳的演化时期、剧烈的变革期与行业的成长率等内、外部因素构建了组织发展的五阶段模型。

第一个阶段:企业在创始人领导下,通过创造一个产品和适合自己的特定市场而生存，组织充满活力和创造性。然而随着时间推移，逐渐出现第一次危机：创始人不可能包打天下，在适当的时候需要寻找管理经理。

第二个阶段：在克服了上一阶段的危机以后，企业组织内部出现了管理阶层，各项规章制度逐渐建立起来。该制度构架能使组织自行有效运作，然而企业很快发现，市场机会的多样性、企业的进一步成长和中央集权形成了第二次危机：自主危机。如果不能够很好地调动下层员工的积极性，企业可能很难迈过这个坎。

第三个阶段：企业认识到分权的重要性，开始通过委派代表的方式给员工和部门以相对自主性。但好景不长，企业家们很快发现那些充分授权的种种"代表"胃口越来越大，自主的倾向越来越严重，这时企业就面临第三次危机：控制危机。这种对失控的恐惧不仅折磨着企业家，而且在上下层之间的矛盾中消耗了管理人员和员工的过多精力，容易带来巨大的不信任感。

第四个阶段：企业家和企业下层组织之间通过一次又一次的磨合，使用各种协调手法，建立了相对科学完善的管理制度，既保证了上下级之间权责分明，又有效制止了部分被授权人的机会主义行为，组织效率大大提高。然而又很快看到本意用于协调的规章制度却又按照正反馈逻辑快速成长，出现"制度异化"现象，这就是第四次危机：官僚主义和繁文缛节的危机。组织过于依赖制度，这些制度约束了员工的活力和创造力，官僚主义幽灵在企业回荡，企业变得越来越僵化。

第五个阶段：为了克服官僚主义和繁文缛节，企业呼唤简单化，要求整合信息系统，强调团队导向。该时期通过建立各种团队，分享个人和部门的技能，减少对企业正式制度的依赖，通过合作获得新效率。遗憾的是虽然有美好的合作，但只要有人和组织就会有矛盾冲突，其中员工的心理将成为一个问题，例如懈怠和疲倦降低了生产力。

1.1.3 爱迪思的企业生命周期理论

伊查克·爱迪思在葛雷纳的基础上进一步丰富和发展了企业生命周期理论，并在企业管理咨询的实践领域有极大开拓。爱迪思把企业成长与生物有机体类比，把整个成长过程分为三个阶段和十个时期，包括孕育期、婴儿期、学步期、青春期、盛年期、稳定期、贵族期、官僚初期、官僚期以及死亡期等十个阶段，认为企业成长的每个阶段都可以通过灵活性和可控性两个指标来体现。当企业初建或年轻时，充满灵活性，但可控性较差；在盛年期，企业的灵活性和可控性都较强；当企业进入老化期，灵活性和可控性都变得极差，直到最终走向死亡。

爱迪思在企业的纵向发展的维度中探讨了企业所遇到的问题的实质，认为问题是随着企业的成长老化，由于缺乏灵活性和自我控制力所引起的困难。爱迪思把问题分为正常的问题和不正常的问题。所谓正常的问题，是靠企业自身力量就可以解决的问题，其中一类问题是企业在这一阶段都会遇到的，属于这一阶段中可以预料的问题，叫常规问题；还有一类问题是预料之外的，称之为“过渡性问题”，一旦企业完成了向下一个生命阶段的转型，这类问题就会消失。所谓的不正常问题，是企业自身无法自己解决而需要外界专家来协助解决的问题。其中“复杂型”问题为常见，而“病态”问题则是比较少见的问题。爱迪思指出企业的成长意味着具备了处理更大、更复杂的问题的能力。

爱迪思提出的三个发展阶段和十个发展时期的具体内涵是：

第一阶段（成长阶段）：孕育期强调的是创业意图和未来能否实现的可能性，成功的关键在于高水平地确立起所要承担的义务。这种义务最为重要的是要从情感上对创建企业的主张以及企业今后能在市场上发挥作用这两点上承担义务。创业者的动机不应当只是投资回报率，而更应当注意满足市场某种需求、创造附加值。如果说孕育期关注的是你在想什么，企业需要能够确立所要承担义务的梦想家，那么，婴儿期所关注的则是你在干什么，企业需要更多的是脚踏实地、一切以结果为导向的创业者。因为这时所受的风险也越来越大。一旦企业进入学步期，销售额节节上升，而且日见繁荣。学步期内，创业者和整个企业的全体员工都会豪情万丈，甚至会自认为无所不能。

第二阶段（再生和成熟阶段）：这一阶段的企业得以摆脱了创业者的影响而获再生，并不断走向成熟。在青春期，创业者在经历了多次的危机后，开始学会了授权。职业型的企业家也开始进入企业，新来经理的领导风格不再是执行原先创业者的决策，而必须是一位能够驾驭机会的领导。企业也从以量取胜转向以质取胜，从苦干转向巧干。在盛年期，企业的灵活性和可控性达到平衡，兼有能力与自律、具有眼光又能自我控制，形式与功能也都达到平衡，出现了一些理想化特征：

◇ 企业的制度和组织结构完善；

◇ 企业的创造力、开拓精神得到制度化保障；

◇ 企业非常重视顾客需求、注意顾客满意度；

◇ 计划能够得到不折不扣地执行；

◇ 企业对未来趋势的判断能力突出；

◇ 企业完全能够承受增长所带来的压力；

◇ 企业开始分化出新的事业。

总体上说，盛年期的企业富有进取心，具有奋发蓬勃的魅力。但是，盛年期不是终点，而只能是看作一个过程，这种巅峰状态需要精心呵护才能持久。否则，背离了创新精神，只知道利用而不知道滋养这种势头的话，企业就会进入稳定期，尽管企业还很强健，但内部却隐藏着衰退的倾向。

第三阶段(老化阶段)：企业一旦进入老化阶段，企业和员工的自我保护意识不断增强，与顾客的距离越来越疏远，体现企业活力的行为不见了。在贵族期，企业开始以自我为中心，给人自以为是的感觉。它具有以下特征：

◇ 钱越来越多地花在了控制系统、福利措施和一般设备上；

◇ 人们越来越强调做事方式，而不问所做的内容和原因；

◇ 人们越来越拘泥于传统，注重于形式；

◇ 企业内部越来越缺乏创新机制；

◇ 越来越多的人信奉“别兴风作浪，少惹麻烦”。

在官僚化早期，最为明显的行为特征是企业内部冲突不断、谣言四起，企业各部门注意力集中到内部地位之争，人们强调更多的是谁造成了问题，而很少考虑去采取补救性措施以解决问题。官僚化早期爆发的问题如果日趋严重，企业就会自己把自己局限于一个狭窄的空间，最终进入死胡同。

爱迪思还进一步发展管理理论，开发了两套企业诊断工具，用于分析决策质量和控制力，提出相应的管理对策。

1.1.4 邱吉尔和刘易斯的企业成长阶段研究

邱吉尔(Churchill)和刘易斯(Lewis V. I.)从企业规模和管理因素两个维度描述了企业各成长阶段的特征，提出了一个更为细化的五阶段成长模型。根据这个模型，企业成长一般呈现“暂时或永久维持现状”、“持续增长”、“战略性转变”和“出售或破产歇业”四种典型特征。其中，出售又可分为：资产出售、盈利出售、巨额利润出售和亏损出售等形式。在每个成长阶段，企业都会面临健康成长和经营失败两种选择，而很少有企业能够长期维持现状，有不少企业会在生存阶段、发展阶段和起飞阶段之间发生战略性转变，如那些具有强烈成长意识和充足资源的企业会由生存阶段快速进入起飞阶段。

邱吉尔和刘易斯认为，传统的企业生命周期模型没有抓住公司起源和成长阶段的重要性，过分强调销售和员工的作用，忽视了附加值、地点和产品线复杂性等重要属性。他们的理论模型包括的五个阶段是：

阶段1:出生(existence)。该阶段的主要问题是销售产品或服务项目,赢得顾客。这时期的企业在组织结构上通常是简易的,企业几乎没有正规的计划体系。企业所有者在很大程度上参与到企业运营的各个环节当中,管理决策一般高度集权于企业持有者上,企业主要策略是维持生存。

阶段2:生存(survival)。该阶段的主要特点从单纯地求得生存转移到解决利润和成本间的关系上。这时,企业已经能够提供令顾客满意的产品及服务,维持相对稳定的业务,主要面临的问题是资金周转。企业的管理者与决策者不再集中在所有者一个人身上,尽管企业所有者还是承担着主要的管理者和决策者的角色。这时的企业结构简单,企业内部管理系统仍处于初步发展阶段,正规的计划体系也主要是与资金预算相关。

阶段3:成功(success)。该阶段的企业所有者集中考虑的是企业的发展战略和方式,即如何在现阶段的企业平台上继续面向新的领域发展。邱吉尔和刘易斯进一步将该阶段细分为摆脱束缚和成功发展两个子阶段。

在摆脱束缚阶段,企业拥有相对完整的组织结构,创业者希望保持企业的发展势态,实现健康的财务状态、较大的规模和相应的市场占有率。为此,企业逐步建立起财务、市场和生产等各个职能管理系统,并需要更多职能专业化的管理人员从事管理工作,同时企业所有者的管理工作逐渐减少。这阶段企业的主要目的是保持已有的发展形势。一些企业通过资产运营和并购活动实现进一步发展;也有的企业由于不适应市场变化等因素,出现衰退而回到第二个阶段。

成功发展阶段与摆脱束缚阶段的主要区别在于积极进取。企业为了继续发展而集中于资源汇集,避免出现资源不济而导致发展中断;同时,该阶段还需要高层管理者做好战略管理,洞察市场变化,制定发展战略;这时,企业所有者从战略的角度参与到管理之中。

阶段4:腾飞(take-off)。这时,企业的各个系统已经趋于成熟,其主要问题是如何实现有效的分权管理和获得充足的资金,以便满足企业腾飞的要求。企业所有者远离日常管理职责,由职业经理人员负责处理复杂多变的商业环境和具体运作管理与策划。

阶段5:成熟(mature)。此阶段的企业主要策略是如何实现高层次的持续发展,为此,需要进一步强化其竞争优势,尤其是要激励创新精神,获取优质的人力资源,善用财政资源,完善企业治理结构,提升管理效率,实现发展战略和运营目标。

此外，邱吉尔和刘易斯指出与企业和所有者相关的八种因素在企业不同成长阶段起着不同程度的作用(见表1.1)。其中，与企业相关的四个因素为包括客户关系、技术声誉等在内的企业资源，信息、计划和控制系统的复杂程度所代表的系统资源，员工素质及结构方面的人力资源，以及融资能力；与所有者相关的四个因素是所有者的个人目标、创新进取性、管理能力和战略计划能力等。他们经研究发现，这八个因素在企业不同的成长阶段发挥着不同的作用。如企业资源在企业创业阶段极为重要，否则产品销售和原材料采购等都无法得到保证，而到了企业起飞和成熟阶段，已不再是影响企业成长的最重要因素。此时，企业的成长更多地受到发展计划模糊和控制乏力两大因素的制约。

表1.1 企业不同发展阶段的相关变量及其重要性

	创业阶段	生存阶段	发展阶段		起飞阶段	成熟阶段
			摆脱束缚	成功发展		
至关重要	企业资源	持有者工作能力	持有者工作能力	企业和持有者目标	融资能力	战略计划
↑	持有者工作能力	融资能力	融资能力	持有者工作能力	持有者分权能力	系统和控制
	融资能力	企业和持有者目标	员工素质及结构	战略计划	战略计划	员工素质及结构
	企业和持有者目标	企业资源	战略计划	系统和控制	系统和控制	持有者分权能力
	员工素质及结构	员工素质及结构	企业资源	持有者分权能力	企业和持有者目标	融资能力
	战略计划	战略计划	系统和控制	融资能力	员工素质及结构	企业和持有者目标
	系统和控制	系统和控制	持有者分权能力	员工素质及结构	持有者工作能力	持有者工作能力
不太重要	持有者分权能力	持有者分权能力	企业和持有者目标	企业资源	企业资源	企业资源

1.1.5 奎恩(Quinn)和卡梅隆(Cameron)的四阶段企业生命周期模型

奎恩和卡梅隆在分析了前人的企业生命周期模型基础上，提出了他们的四阶段企业生命周期模型，分别是：以创新精神为基础，集中于资源汇集的创业阶段(entrepreneurial stage)，企业在其创新精神基础上，运用利基策略为主导方向,汇集资源,包括金融资源和基础资源,开展创业活动;以凝聚力和忠诚度为核心的整合阶段(collectivity stage),以管理制度化和规范化及组织运作高效率为特征的正规化与控制阶段(formalization and control stage),以及结构精细化适应阶段(elaboration of structure stage)。

奎恩和卡梅隆认为企业在各个阶段均需要完成不同的任务和克服各种困难,因此提出了适用于不同阶段的企业有效性诊断模型(见表1.2)。

表1.2 组织有效性模型

模型一:人力资源模型 目标:人力资源的价值 手段:凝聚力,士气	模型二:开放系统模型 手段:灵活性,敏捷 目标:资源获得,成长
模型三:内部进程模型 手段:信息管理,沟通 目标:稳定,控制	模型四:理性目标模型 目标:生产率,效率 手段:计划,目标设置评估

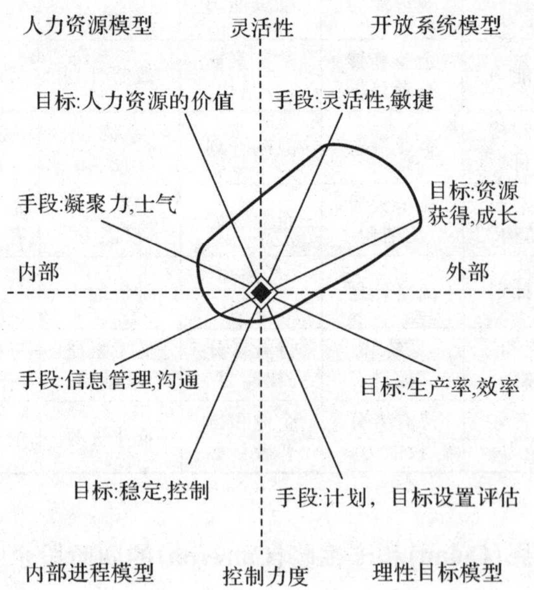

图1.1 创业阶段

奎恩和卡梅隆认为探讨企业的有效性应从三个维度出发。第一个维度是内部注意(如个体的满足感)与外部注意(如企业目标的达成);第二个维度是对灵活性的关注(如创新和适应)与对控制力度的关注(如预测能力和稳定性);第三个维度是对结果的关注(如产出的效率)与对过程的关注(如计划和目标制定)。处于不同发展阶段的企业,在这四个维度上会表现出不同的取向。

创业阶段的典型特征是创新和寻找资源。其有效性的标准主要是开放的系统模型,即在这一阶段,成功的企业往往是灵活的、成长性强的、整合资源型的,并能积极地争取到外部支持(见图 1.1)。当然,开放系统的标准在企业成长的其他阶段也非常重要,不过在创业阶段显得尤其关键。

在整合阶段的组织,组织有效性的标准更多的是和人力资源模型和开放系统模型相联系在一起,企业需要保持一定程度的开放性,即保持创新和灵活,以保持适应外界不断变化的能力。此外企业需要藉由提高员工的凝聚力和士气来体现人力资源的价值,使员工更能投入工作(见图 1.2)。

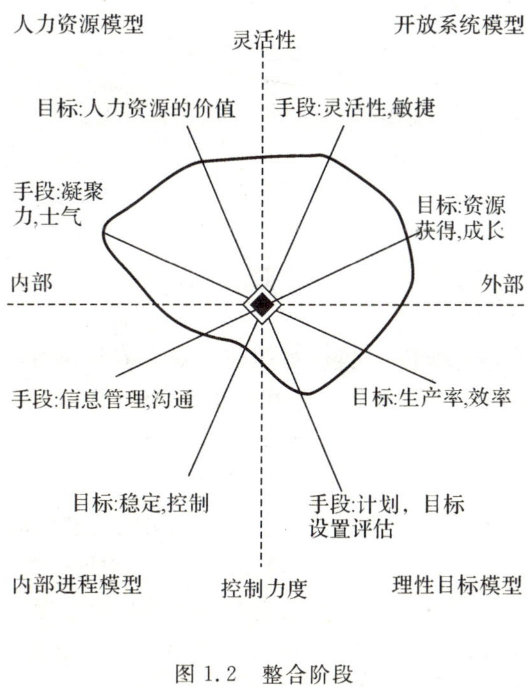

图 1.2 整合阶段

在正式化阶段，组织最重要的是内部进程模型和理性目标模型。组织的典型特征是重视组织稳定、产品效率、规则和程序以及已经更加保守的公司决策。有效性的标准主要是基于内部进程与理性目标的模型，即更大程度地关注目标设置和目标达成、生产力、信息管理的效率以及稳定的控制（见图 1.3）。

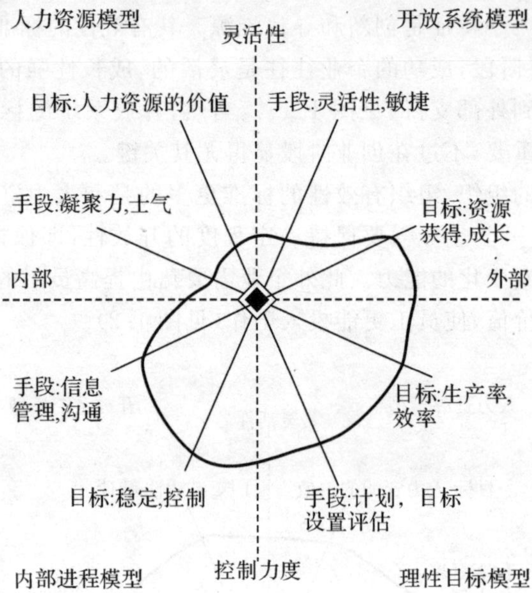

图 1.3　正式化阶段

在第四阶段即结构精细化阶段，组织密切注视着外部环境以便能在相应领域持续发展甚至扩张。结构的分权现象也开始出现，必须在分化和整合之间找到一个平衡。此外，由于企业工艺落后、缺少创新精神导致产品老化等一些因素令企业面临一些危机，企业产品需求下降，因此在这一阶段，开放系统相对来说需要得到更大的重视，企业的更新及改造应当成为当时的发展主题（见图 1.4）。

奎恩和卡梅隆从企业成长的纵向角度，探讨了在成长的不同阶段组织的有效性问题，提出了基于组织生命周期的组织有效性权变模型，指出企业在发展的各个阶段所需要特别关注的企业活动和产出是不同的，企业只有抓住这些关键环节才能持续发展，成为一个成功的企业。

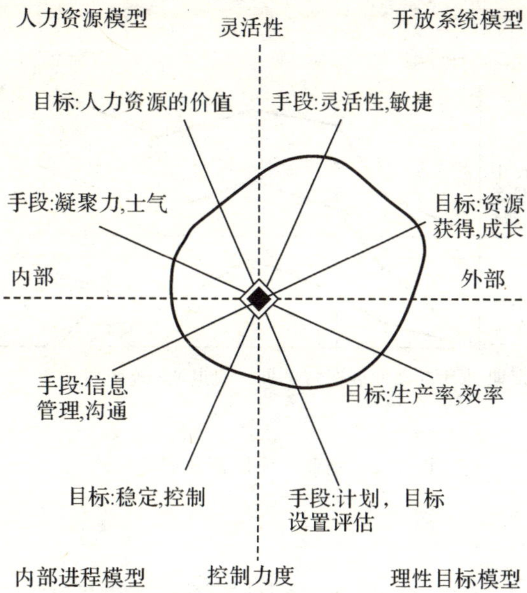

图 1.4　结构化及精细阶段

1.1.6　我国关于企业生命周期的研究

我国学者也在实地研究的基础上,分析了企业生命周期现象。例如陈佳贵探讨了企业规模在企业生命周期中所起的作用,并以企业规模大小为纵坐标,把企业按规模大小分为大中型和小型企业两种情况,以企业发展阶段为横坐标,把企业生命周期分为孕育期、求生存期、发展期、成熟期、衰退期、蜕变期,如图 1.5 所示。

该模型描述了企业的三种成长方式:欠发育型、正常发育型和超前发育型。其中,欠发育型是指在建立时是小企业,经过多年的成长与发展,始终没有成为大中型企业;正常发育型指小企业经过一段时间的成长,素质提高,实力增加,进而成长为一个大中型企业的过程;超常发育型是指企业诞生时就是大中型企业,成长的起点高、实力强。

该理论在企业规模的基础上对企业的成长方式进行了划分,具有重要的理论价值,但该理论并未对不同阶段应采取的对策进行深入探讨,同时缺乏对企业规模的具体界定。

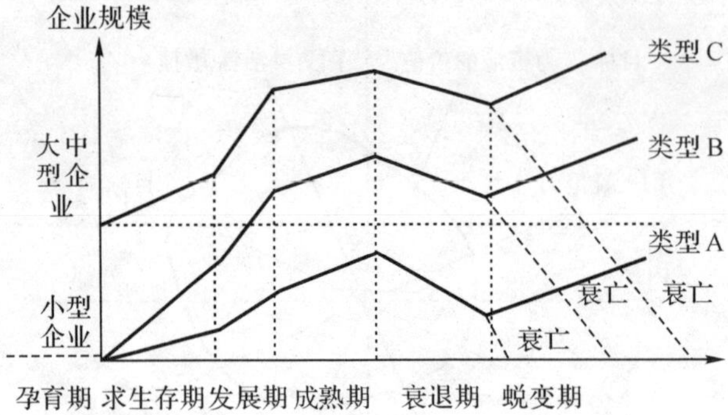

图 1.5　企业生命周期及成长方式

第 2 节　企业生命周期理论研究的价值

1.2.1　企业生命周期理论的实证

企业在其成长发展过程中，是否表现出研究者们所描述的阶段性特征？相关的企业生命周期理论是否能够得到现场实证的数据支持呢？20 世纪 80 年代中后期及 90 年代，国内外许多学者就这些问题开展了实证研究。

1984 年，米勒(D. Miller)和弗雷森(P. Friesen)通过文档分析、问卷调查和企业家访谈等技术对 30 多家年龄超过 20 年的大型跨国企业进行了研究。在研究中，他们提出了由诞生、成长、成熟、变革和衰退五阶段构成的企业生命周期模型，从环境、战略、组织结构、决策四个方面来考察企业成长发展的过程及其影响因素。研究结果表明：

1)企业在每个发展阶段表现出格式塔式特征，即在企业成长过程中不只是在一两个方面出现变化，而是各个方面都发生整体的结构差异；

2)企业从一个阶段到下一个阶段的发展是一种多维的变革过程；

3)与传统的理论不同，基于现实的调查揭示，企业的发展并不是严格地按照生命周期顺序展开的，例如，一个企业在步入成长期后可能发展为成熟期，也可能会走向衰退期。

米勒的进一步研究指出，在各个阶段表现成功的企业和不成功的企业在环境、战略、组织结构和决策等方面都表现出系统的差异。

摩瑞斯(Moores)和袁(Yuen)在米勒的研究基础上进一步展开对企业生命周期的实证研究，把管理会计系统和企业生命周期理论相结合，指出随着企业生命周期的阶段发展，管理会计系统也会出现显著的不同，在成长各阶段MAS正式制度更加明确，也会采用更多的管理会计工具。

米特拉(Mirtra)和维努高宝(Venugopal，1999)在邱吉尔和刘易斯的模型基础上，运用现场调查技术，对汽车配件生产的产业集群进行了研究，研究结果改进了邱吉尔的模型，提出了"快速成长——诞生/生存/成长——脱离/资源成熟"的生命周期发展模型。

道奇(Dodge)和罗宾斯(Robbins，1992)研究小型企业在每个生命周期阶段所遇到的主要的具有共性的问题，然后评估在不同阶段不同的问题领域的相对重要性。他们的研究将企业生命周期划分为四个阶段，即"形成"、"成长前期"、"成长后期"和"稳定"阶段，集中分析了营销、财金和管理三类问题在各个发展阶段的重要性变迁，揭示了企业在成长发展过程中的战略转移规律。

卡赞坚(Kazanjian)和罗伯特(Robert，1989)针对高新技术行业的企业生命周期进行了研究。他们把企业生命周期分成四个阶段，即"孕育和发展"、"商业化"、"成长"和"稳定"阶段，讨论了各个阶段的企业面临的主要问题、发展方式和组织结构。研究结果揭示了企业的发展轨迹遵循该模型的阶段序列。

马斯瑞尔(Masurel)和范梦福特(Kees van Montfort，2006)在中小型服务行业进行的实证调查指出，企业规模多元化、员工差异度和人力资源对企业发展的重要性，在生命周期的前面几个阶段，如"诞生——成长——成熟"阶段，呈现上升趋势，而在后面的阶段，如"成熟—衰退"阶段，则呈现下降趋势。

1.2.2 关于企业生命周期的质疑

当然也有一些富于批判精神的学者对企业生命周期理论提出了质疑和挑战。

菲利普斯等人(Phelps，Richard Adams 和 John Bessant，2007)认为企业的发展并不遵循一个严格的阶段性成长的序列，目前的企业生命周期理论模型并不能很好地描述企业的成长轨迹。由于企业所处的行业、地域、环境等因素的复杂性，我们很难想象用一个统一的模型来解释企业成长发展的轨迹。而目前各个学者所提出的如此多的生命周期模型,就是这种发展轨迹多样性和复杂性的体现。在否定了企业生命周期模型研究之后,菲利普斯提出了描述企业发展的框架结构(见图 1.6)。

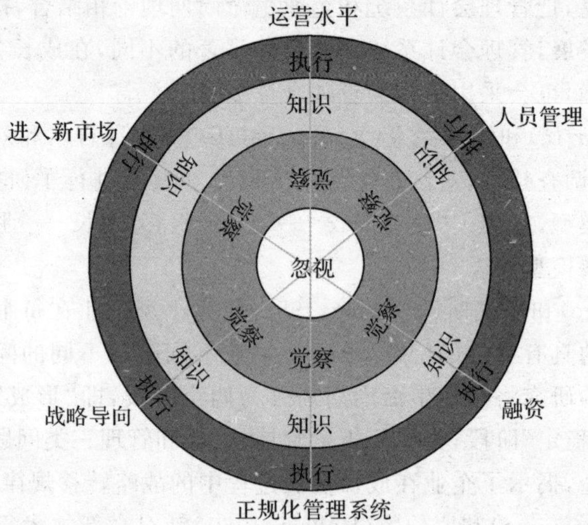

图 1.6

该框架包括两个维度,第一个维度是企业成长发展遇到的关键事件类型。在此,菲利普斯引入了“节点”(tipping points)的概念。“端点”是指企业在成长发展过程中面临的关键问题和转折点,在某个“节点”出现之前,企业的发展相对平稳,而在出现该“节点”后,企业则要面临较大的变革。这种“节点”通常是由于企业发展引导出来的,也可能是环境变化的结果。第二个维度是指公司所具有的获取和使用新知识的能力,即学习能力和成功解决由“节点”带来的问题的能力,即解决问题的能力。

菲利普斯归纳了六类“节点”,即人员管理、战略导向、正规化的管理系统、进入新市场、融资、运营效率与水平。另一方面,菲利普斯认为,企业的知识获取、消化、转变和开发能力也是各不相同的。企业对“节点”的认识也表现出不同的深度。该理论的核心就是把企业的成长发展看作为对各个“节点”的认识,以及通过学习能力获得知识,通过问题解决能力解决“节点”。相对于企业生命周期模型而言，这一模型框架显得更灵活，也能解释更复杂的企业成长发展的规律性。

但是，该理论模型还是与生命周期理论有较大的共同点，就是认为企业在其发展过程中都会遇到各种各样的问题，只有成功地解决了问题，才能顺利地成长。

1.2.3 企业生命周期理论的评价

20 世纪 60 年代以来，很多学者都针对企业生命周期做了大量的研究，也出现了很多的企业生命周期模型，这些模型具有不同的阶段，每个阶段的性质描述也存在差异。目前还没有一个权威的阶段模型能够被广泛接受。这主要是因为企业本身的复杂性所致。由于行业、地域和企业本身的独特性，学者观察会产生不同的结果，还有一个原因是由于学者本身出发点的不同，即使对相同的企业群集研究，不同的学者也会产生不同的模型。企业的发展本身是一个相对宏观的层面，企业生命周期模型则显得过于描述性和概括性，也缺少明确的划分阶段的依据。众多的实证研究已经表明每个阶段之间确实存在差异，但问题是这种差异究竟只是量的变化还是的确有质的差异，并且实证的结果发现企业生命周期的发展序列并不是严格地按照模型的阶段序列发展，成长期后既可能出现成熟期也可能出现衰退期，这和众多的文献理论不相符合。目前对一个企业成长阶段的划分，三个、四个或者五个阶段划分还显得有些主观随意，这种划分的随意性说明目前企业生命周期的模型有现象描述的嫌疑，尚不能更深层次揭示企业成长的内在机理。

尽管企业生命周期的理论还存在一些不足，但由于经过数十年的发展，理论已经显得较为完善。现存的关于企业生命周期的模型虽然存在一些差异，但也存在极大的相似之处，例如都包括了成长、成熟期等阶段，其中爱迪思和米勒等人的模型还包含了衰退期。而且这些模型描述阶段的特征都包含了组织结构、管理风格和主要问题等最基本的因素。这些相似之处为建立一个普遍意义的企业生命周期模型提供了一种可能。

米勒指出，企业成长中各阶段的变量具有“完形”的性质，即类似于格式塔的原则，每个阶段的特征变量相互之间都是存在联系，是有机的整体。笔者整理了文献中出现的变量：信息系统、计划系统、控制系统、奖励系统、组织结构、面临的主要问题、创新性、控制力、管理风格、领导者与公司关系、企业文化、企业规模、公司多元化、员工差异度、员工生产率、复杂性、组织目标。企业每个阶段的主要问题必定导致企业相应的活动，也会有相应的组织目标以及企业组织特征，因此在一个阶段当我们观察到一种变量时我们已经相应地预测其他的变量，这一观点丰富了企业生命周期的理论模型。

第 2 章　企业成长发展的生态环境

企业与其外部客观的经营条件、经济组织及其他外部因素之间相互联系、相互作用，处在一个不断变动的过程之中。企业的外部环境是指那些能影响企业经营成败，但又在企业外部而非企业所能完全控制的外部因素。分析企业外部环境的目的，就是要找出外部环境为企业提供的可以加以利用的发展机会，以及外部环境对企业发展所构成的威胁，以此作为制定战略目标的出发点、依据和约束条件，并且为政府出台政策提供参考。

在自然界，无论是物种之间还是物种内部生物个体之间都存在着生存竞争。但是，物种的生存和进化又必然受到生态系统内其他物种和环境因素的制约与影响，并通过自身的进化影响其他生物的选择，进而引起其他生物发生适应性变化，最终导致整个系统成为一个互相作用的整体。物种在生态系统内的生存包括了生物之间、生物与环境之间相互受益和相互制约的两种机制。这一生物学的思想很快被引入社会学、管理学和经济学中。赋予企业以生命特征，将企业的外部环境看作是它生长、发展的生态环境，需要通过不断地适应和利用环境来完成自身成长成熟，如果无法很好地了解自身的生命周期和环境特点，企业将走向衰败。

第 1 节　企业成长发展环境的理论研究

企业是一个开放系统。企业与其所处的外部环境相互影响、相互渗透。这种互动关系是企业成长发展的实质。组织管理学家、经济学家和社会学家等从不同的学科背景出发，在不同的研究层次上探讨了组织与环境的互动过程，形成了相应的理论观点。

2.1.1 组织权变理论

组织权变理论把组织看作是一个开放的系统，认为组织的有效性和成长发展取决于根据组织内外部环境特征采取随机应变的管理方式和组织结构。

组织权变理论倾向于从环境的不确定性与组织管理体系的权变关系来定义组织有效性。例如伯恩斯和斯托克提出，有机的组织结构适合于高度不确定的环境，而机械的组织结构适合于确定的组织结构。其中，机械组织结构表现为明确的等级体系、集中的权力分布、规范的行为方式等特征。而有机的组织结构特征是权力层级比较模糊，分散的权力结构，适应性的组织关系等。

而劳伦斯和洛什的组织分化与整合理论则认为，不确定的环境中，组织需要采用一种高度分化的组织结构和整合性强的管理体系。

2.1.2 资源依赖理论

资源是企业成长发展的关键。许多理论关注于企业如何有效利用资源来实现成长发展，但是关于企业是如何获得资源的问题确很少被考虑。资源依赖理论认为组织生存的关键在于它获取和保持资源的能力。资源依赖理论认为组织环境包括所有对组织行为及其产出有影响的事件。作为开放的系统，任何组织都不是自给自足的，而是需要从环境中获取必需的资源。对于组织而言，维持其生存必需的资源包括三大类：第一类是原材料，包括资金和人力资源；第二类是信息资源；第三类是社会和政治方面的支持，即支持性立法。当然，环境的资源丰富性是动态的，随着新组织的进入或者退出，其供应量也会变化。因此，组织在成长过程中，需要不断改变自身结构和行为模式，以便获取和维持来自环境的资源，并使这种对外部环境资源依赖最小化。

资源依赖派代表杰伊·巴认为，企业的资源如果具有价值高、稀缺性大、难以模仿等特性，那么它就具有较大的竞争优势了。

资源依赖理论也强调组织主动地对外部环境的管理和控制，并提出组织可以通过四种途径来减少组织对外部环境的依赖以及来自外部环境的制约：①适应或回避外部需求；②扩张、并购和多元化来改变对环境的相互依赖关系；③通过交叉董事会、合资企业、行业协会和行为规范等方式建立组织与环境沟通的桥梁和谈判的渠道；④通过法律、政治行动和改变对合法性的定义来创造环境。

在资源的获取和利用过程中，组织通常的战略步骤是：

第一步：资源的识别。首先要知道组织需要什么资源？资源有哪些具体形式？哪些是组织的内部资源和外部资源？

第二步：资源比较。企业需要具有异质的稀缺资源才能够保证自己的竞争优势，因此，有必要将自己的资源状况和竞争对手的资源状况进行比较，明确自己的特异性资源。

第三步：资源价值的评估和竞争优势的判断。柯林斯和蒙哥马利甚至提出了资源价值评估的五项标准，它们是：

①资源的不可模仿性，即判断资源是否难以为竞争对手所复制；

②资源的持久性评估，即判断资源价值贬值的速度；

③资源的占有性评估，即分析资源所创造的价值为谁占有；

④替代性评估，即预测一个企业所拥有的资源能否为另一种更好的资源代替；

⑤竞争优势性评估，即分析在自身资源和竞争对手所拥有的资源中，谁的资源更具有优越性。

第四步：战略选择与资源补缺。当企业通过资源的价值评估明晰了自己的竞争优势后，企业就可以在其基础上来进行竞争战略选择。一般通过组织学习、组织创新、建立外部网络来补足缺少的资源。

第五步：战略就是实施与资源积累。

总之，资源依赖理论揭示了组织与环境的依赖关系，强调组织的资源获取策略对于其成长发展的重要性。

2.1.3 种群生态理论

种群生态学是生物学的一个分支，来源于达尔文的生物进化论，核心思想是：物竞天择，适者生存。企业界存在和生物界非常相似的机制，20 世纪 70 年代后期汉南(Hannan)和弗里曼(Freeman)将这个原理运用到组织研究中去，创立了组织研究中的种群生态学理论。与其他理论不同，种群生态学分析的对象不是企业个体，而是组织种群，是从宏观的层面上研究环境中的社会力量如何决定某一“种群”的兴起和衰落。

种群生态理论一方面讨论了组织和环境之间的关系。种群生态理论把企业环境当作一个生态系统，可以理解为企业与周围环境形成的相互作用、相互影响的整体(范建平、梁嘉骅，2002)，它主要包括企业群、消费者、公共组织、政府机构等，以及为企业提供资源的生态环境和其他社会系统。组织能否适应、生存主要取决于环境对组织形式的选择。种群生态学强调三个过程：变异、选择、存留

(Campell, 1969)。变异是指组织的创新,选择是指环境选择适宜的组织,存留是指组织的生存。在这里,环境的选择尤其重要,企业正是通过这种生态选择过程才获得了生存的基本要素。

种群生态学试图解释为什么一些类型的(或形态的)组织生存了,而另一些则消亡了。其基本的假设是分享相同资源的组织之间会因为争夺资源而相互竞争,这样的竞争直接影响到组织的生存与发展。利基(Niche)是组织生态学理论的一个重要概念,是指企业在战略环境中占据的多维资源空间(Frenelna 和 Hnanan 1983; Hnanan 和 Freeman,1989)。对于企业个体来说,根据生物生态学理论,衡量个体的生存状态有两个重要的指标:生态位深度和宽度,运用到企业上,生态位宽度即企业的多元化程度,生态位深度即企业的专业化程度。生态位的宽度指企业对资源的利用范围(Hnanan 和 Fremena,1977),多元化的企业具备广大范围的资源利用能力,而专业化企业具备在特定范围内更好利用资源的效率和能力,在环境变化不确定、资源供应不能保证的时候,多元化企业比专业化企业生存能力更强,相反,专业企业在相对稳定的条件下在其占据的特定生态位环境下比多元化企业有更强的竞争力。决定企业竞争强度的另一个重要因素是企业生态位置,因为占据资源空间内不同位置的企业密度不同,企业所处位置直接决定着企业潜在的竞争者的个数,因此生态位定位是企业重要的战略决策之一。生态位位置通常在企业创建时确定,但是随时间变迁也会不断调整,以达到与环境的匹配。此外生态位重叠度意味着两个企业在环境的资源获取或需求方面相同的程度,企业间生态位重叠越小,生态位之间的差异越明显,企业之间产生互补共生的需求越大,反之则竞争越大。

甘巴拉托(Francesca Gambarotto)等人从政府的层面上讨论了区域公共政府影响对于当地工业发展的作用,详细分析了当地产业的两种选择模式。

一种是所谓的 r 策略(maximum rate of growth),即政府通过一系列的干预措施来降低行业准入壁垒,快速促使地区产业的集聚,以达到饱和。这时的产业政策通常是无偏向性的,不把组织的标准或者技术水平作为产业准入的评价标准。这时,能够进入的企业通常以规模取胜,且具有专业化程度高、成本低的优势。当然,准入壁垒较低,企业之间就相对易于复制,竞争就会比较大,所以这种策略适用于当区域产业建设处于初始发展阶段或者经济萧条期企业死亡率较高的情况。另外一种是 K 策略(carrying capacity),其目的在于提高区域内产业的多样性,比如通过支持产业和当地基础设施和促进公司和当地科学技术资源之间的连接。这个策略适合于在已经得到了很好发展的、但是仍然有创新空间的区域。甘巴拉托等人在研究分析了大量数据的基础上，提出把政府政策作为环境变化中非常重要的因素，政策力度的大小和政策出台频率的高低都会在很大程度上影响到整个产业生态系统的变化。

2.1.4 区域创新理论

对技术创新的研究，从创新理论鼻祖熊彼特的基于"企业家精神"创新和线性创新模型发展到目前的创新系统和创新网络理论，最核心的理念在于强调创新的"系统范式"。从纵向历史考察，创新的"系统范式"大致经历了企业创新系统、国家创新系统和区域创新系统三个阶段，尽管这三个阶段之间并不存在明显的时间界线。

随着创新研究从线性创新模型和熊氏创新理论到非线性创新模型的发展，后来的研究更强调企业与创新环境间的动态性互动过程，并由此把创新系统研究引向深入。随着系统范式的拓展，创新系统研究领域出现了对区域创新系统的关注。奥马认为，随着全球一体化和国际边界的消失，从经济意义上，"国家状态"日益让位于"区域状态"，区域成了真正意义上的经济利益体。库克等在对欧洲企业的研究中也得出，虽然经济全球化和外资控股迅猛发展，但是这些企业关键性的商业联系仍集中于区域范围内。于是，在区域发展理论和国家创新系统理论基础上出现了区域创新系统理论，与此平行的还有欧洲创新环境理论和以美国硅谷为代表的"技术区"观点等。对于后两者，目前理论上统一于区域创新理论中。对于区域创新系统的定义，库克从"区域"、"创新"和"系统"三个方面对此作了分析，并且以此作为基础分析了金融资本、制度性学习和系统创新的生产文化对区域创新系统构建的作用。克鲁格曼认为区域成为全球竞争力的关键要素，而且特别指出，区域治理系统成了组织和促进经济发展的关键。对区域创新系统的要素和结构分析，豪威尔将国家创新系统的要素分析方法应用到区域层面上，他指出地方政府官僚结构、地方特殊产业的长期发展、产业结构核心和外围的差异性以及创新绩效等是区域创新系统的分析要素。在强调创新系统多层次性的同时，提出了国家、亚国家、区域和地方创新系统的地理层次是部分重叠的或者是重叠的。另外，库克、逊斯托克和拉托塞维克的研究对我们很有启示。库克和逊斯托克认为，地理概念的区域创新系统，由具有明确地理界定和行政安排的创新网络与机构组成，这些创新网络和机构以正式和非正式的方式强相互作用，以不断提高区域内部企业的创新产出。该创新系统内部的机构包括研究机构、大学、技术转移机构、商会或行业协会、银行、投资者、政府部门、个体企业以及企业网络和产业集群等。他们还提出,区域创新系统的架构可以从知识应用及开发子系统、知识产生和扩散子系统两个方面进行分析。拉托塞维克通过对中东欧区域创新系统研究,给出了区域创新系统的四要素框架:国家层次要素、行业层次要素、区域层面要素和微观层面要素。

综上所述,区域创新理论作为一种介于国家创新系统和亚国家创新系统之间的分析框架,为区域经济发展研究提供了新的理论基石。区域创新系统理论认为区域是由产业集群构成的,也就是说区域是由通过合作和竞争规则的企业网络构成,而且通过区域创新系统来和更高层次的国家创新系统和国际创新系统相连接,从而形成全球的竞争力。关于该理论对于生态环境的具体论述见后文。

2.1.5 新制度理论

不同于种群生态理论从生态学的角度出发,强调"适应性",新制度理论则从社会学出发,强调的是"合法性"。最早将新制度主义引入社会学组织研究领域的是希尔弗曼(Silverman,1971),他认为组织的环境不仅应该被定义为是资源的提供系统和产出的目标系统,而且应该被定义为是组织成员的意义来源。

从宏观的产业政策角度来看,产业政策研究主要依靠于政府与市场关系的理论,这种理论大体分为三种:市场主义、国家主义、新制度主义。市场主义坚持市场主导—国家反应的观点,它相信市场是比其他任何机制都有效的资源配置机制,因而国家的干预越少越好。国家主义则坚持国家主导—市场反应的观点。新制度主义观点为了克服这两种观点的偏向性,主张把经济政策研究中的着重点从国家或市场转移到国家与市场之间的相互作用即制度。新制度主义理论中的制度概念很广泛,不仅包括法律体系、行政组织、政治制度等传统制度概念,还包括组织运作程序、非正式的规则、人们之间的关系等人们生活中所有的问题解决机制。

从企业的角度来看,新制度理论关注组织间的同构和相似,在新制度理论看来,组织面对技术环境和制度环境两种不同的环境。技术环境要求组织有效率,按最大化原则来组织生产,而制度环境则要求组织服从"合法性"的机制,参照现行的广为接受的组织形式和做法,而不管这些形式是否有助于提高组织的运作效率。在这里合法性是指"参照现行的准则、价值观、信仰和定义的社会架构系统时,组织的行为是合适的、正确的、恰当的"。这种外部制度环境的要求造成了组织的趋同。也有学者指出,虽然所有的组织由技术环境和制度环境共同塑造,但有些组织更容易受到技术环境的制约，另一些组织则更容易受到制度环境的影响（迈耶和斯科特，1983）。迈耶和罗恩指出，许多组织甚至不得不把内部运作和组织结构分离开来，以化解制度环境要求给效率运作带来的负面影响。迪玛奇奥和鲍威尔进一步提出了导致组织形式、组织行为趋同的三种机制：(1)强迫性机制，比如政府的规制与文化方面的期待；(2)模仿机制，在面临不确定问题时，组织往往采取同一组织领域中其他组织在面对类似不确定时所采用的解决方式；(3)规范机制，它来源于专业培训、组织领域内专业网络的发展和复杂化。他们还提出了“组织之间的依赖关系导致组织同构”的命题。后续研究对上述机制进行了大量的实证分析，比如盖拉斯科维茨和沃瑟曼证实了网络联系对模仿机制的重要性，他们指出，虽然成功的组织容易成为被模仿的对象，但组织管理者更倾向于模仿那些他们信任的组织，比如与自身存在人际关联的组织。

总的来看，前期的新制度理论认为，组织结构并不是一个基于组织目标的主动设计的理性过程，而是组织在制度环境的压力下，随着时间的推移而变得越来越相似的结果。在组织与环境两者中，组织依然处于从属地位，不得不屈服于外部的制度环境要求。

后期的新制度理论文献也开始关注组织在制度环境中积极主动的一面。奥利弗指出，在不同的条件下，面对制度环境的要求，组织会选择从默许、妥协、避免到抗拒、操纵等不同的应对战略。汉也指出，同一制度环境对于每个组织并非都是一样的，随着组织地位的不同，它所选择的制度环境是不一样的。组织会根据自己在不同制度环境中的定位来选择各自合乎情理的行为方式，模仿同类组织的做法。他们的研究都为组织在制度环境中的主动性打开了一扇门。此外，孔德拉和海宁斯探讨了制度环境对环境不遵从者的反应以及制度环境本身的变迁机理。部分组织在实用主义原则的支配下，违反现有的制度环境，其中少量成功的叛逆者取得了优于环境遵从者的绩效，最后可能会出现两种结果：叛逆者被强大的制度环境力量所同化；环境遵从者模仿叛逆者的模式，从而形成新的制度环境。

2.1.6 战略选择理论

与资源依赖理论相似，战略理论也是较早注意到组织在环境中主动性的理论学派。战略选择理论强调了组织管理者的作用。战略选择理论的主要观点包括：(1)从企业环境方面来看，战略选择理论提出者蔡尔德（Child）认为，组织决策者有着“设定环境的权力”，例如进入什么行业，经营的范围如何，服务的对象是谁，选择什么样的员工团队。在这种意义上来说组织决策者的决策很大程度上决定了环境的影响力，组织结构的差异不是由环境条件来直接作用的，而应当认识到组织决策者决策活动的作用。(2)从组织的绩效方面来看，组织的绩效更大程度上受到了环境选择、市场战略、技术水平等等战略选择因素的影响，决策者确定的绩效标准和其实现程度是影响组织结构差异的重要原因。(3)战略选择理论强调了当权者在战略选择中的作用。所谓当权者特指在某一特定时期恰好握有组织结构基础决定权力的群体，即真正在做出决策的人。蔡尔德指出，组织结构的设计是一个受到多方面因素影响的过程，组织内部的政治决定了组织对组织结构形式的选择，组织对环境特征的驾驭能力以及相关标准的确定方法，而组织决策者的个人价值观等因素也影响着组织的战略选择。(4)组织战略选择是在有限理性的基础上进行的，不一定是最优选，而是令组织当权者满意的选择。

与资源依赖学派一致的是战略选择理论同样重视企业的能动性，但是研究的出发点不同，资源依赖理论从对环境资源的依赖和控制考虑，而战略选择理论则是强调了组织内的政治过程和当权者的个人价值等因素。

2.1.7 商业生态系统理论

与前面所有的理论有所不同，商业生态系统理论对于环境本身的演化投入了更多的关注目光，而且，它更强调组织和其所属环境的最重要部分——商业生态系统——之间所呈现出的和谐的共同进化的关系。穆尔指出，商业生态系统超出了传统的产业概念，其范围广阔，比如从提供组织职能外包服务的公司、提供融资的机构、提供组织运作所必需的技术的公司，到与公司产品配合使用的互补产品制造商、公司的竞争对手和客户，甚至监管机构和媒体也包括在内。在商业生态系统内部，不同的组织和机构围绕新的创新共同进化：既竞争又合作地支持新产品、满足客户需求，并最终迎接新一轮的创新。它突出了这样的思想：组织要想在新经济中发展壮大，就必须密切关注并理解相关的经济环境以及影响其进化的其他组织，想办法在其中作出独特的贡献。商业生态系统理论从更宏观的层面考察了组织环境自身的演变，同时也强调了组织在商业生态系统生命周期中的主观能动性。在最新的文献中，艾安斯迪和利维恩提出了衡量商业生态系统相对健康状况的三大标准，以及商业生态系统中处于不同地位组织的权变战略选择模式，进一步丰富了该理论。在商业生态系统理论中，组织与环境关系的基调是合作互利的，并达到了相互交融、兴衰与共的程度。它表明，一个成功的组织应当拥有一个有效的网络并在其中居于优势地位。

第2节 影响企业成长发展的环境因素

外部生态环境因素对不同的企业来说，其影响程度是不同的。首先，对于一个特定的企业来说，它总是存在于某一产业环境之内，这个产业环境直接地影响企业的生产经营活动。所以，第一类外部环境就是产业环境，它是企业直接赖以生存的环境，也称为企业的微观外部环境。第二类外部环境因素间接地或潜在地对企业发生作用和影响，这类外部环境称为企业的宏观外部环境。在王玉编写的《企业战略管理——理论与方法》一书中，宏观外部环境包括下面一些因素，它们是政治—法律因素、经济因素、社会—人文因素和技术因素；在《现代企业经营诊断》一书中，宏观外部环境包括6种因素：人口、经济、自然、科技、政治与法律、社会文化等。

产业环境和身处其中的各个企业都要受到政治、经济、社会和技术水平等宏观环境的影响。有的学者还考虑了第三类环境：运营环境，这是针对每个具体的企业进行的环境分析，主要包括竞争者分析和市场环境分析。

2.2.1 宏观的PEST环境

进行宏观环境因素分析，就是要确认和评价政治—法律、经济、技术和社会—人文等宏观因素会在多大程度上影响到企业的战略选择。宏观环境与企业之间的关系，通常被称为PEST模型，如图2.1所示。

2.2.1.1 政治—法律因素

政治—法律因素是指对企业经营活动具有现实与潜在作用和影响的政治力量，以及政府部门为对企业经营活动加以调控或限制而制定的法律、法规和制度等。一般而言，政治因素分析的内容主要包括国家在世界政治经济中的地位、国家政局稳定程度、政府的基本经济政策和产业政策的取向以及这些政策的连续性和稳定性等等。

2.2.1.2 经济因素

一般经济环境是企业最直接感受到的环境因素。从对企业的影响看，经济环境对需求和对竞争的影响形成对企业的压力。因此，经济环境的影响可以分为两大类：一是对企业发展速度和发展空间的影响，二是对企业经营成本和盈利

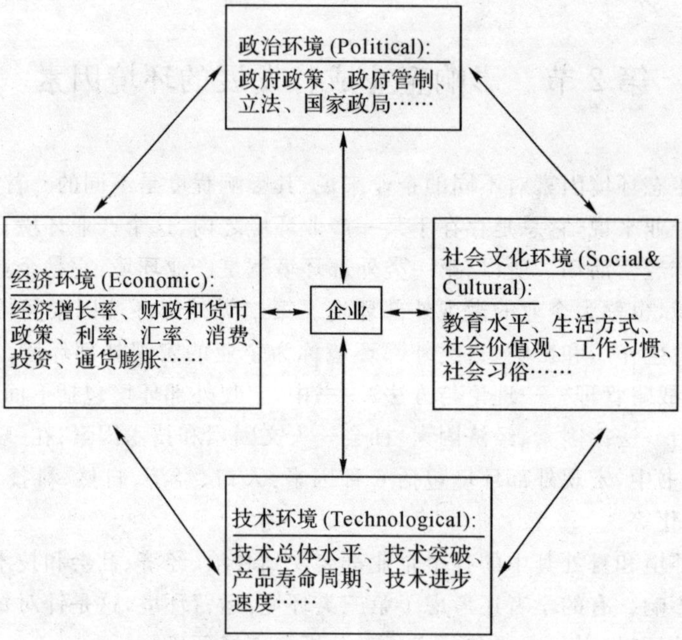

图 2.1　PEST 模型

水平的影响。政府宏观管理范围越广，管理深度越深，管理手段越行政化，经济环境受政治环境的影响就越大。对经济环境的分析可以从以下三个方面展开。

GNP 分析：GNP 的数值反映了经济整体发展力，GNP 的发展速度反映了经济整体的发展速度。不同产业的发展速度与 GNP 的发展速度有一定的关联：主导产业、新兴产业、高新技术产业的发展速度一般比 GNP 的发展速度要高，而且这些产业对其他产业发展的带动效应也较大。而传统产业、处于衰退期的产业的发展速度一般比 GNP 的发展速度要低。通过研究不同类型产业的发展速度与 GNP 发展速度的关系，可以为企业确定发展目标，决定对已有业务的投资安排，为调整业务组合和资源分配提供重要的参考。

可支配收入分析：可支配收入决定了社会和个人的购买力，由此决定了潜在市场容量。因而，可支配收入与 GNP 一起可以起到影响企业发展空间的作用。除了可支配收入的总量之外，可支配收入的分配结构将决定具体产业所面临的市场容量和市场分布结构，影响着产业结构和产业布局，进而影响具体产业的发展空间。另外，可支配收入的发展速度和发展稳定性也对企业战略有重大影响，可支配收入在某一时期的突然大幅度扩大会吸引大量过于乐观的产业投资，引起生产能力在某一时期的同水平迅速增长。如果随后可支配收入发生较大幅度的降低，就会造成企业生产能力的大量过剩和随之而来的价格战。

利率、汇率和投资率：利率、汇率和投资率等经济指标是典型的市场信号，它们一方面将影响可支配收入、物价水平、资金供应等情况，从而影响社会总体购买力，另一方面也将通过对企业经营要素价格和投资成本的影响而作用于企业的经营成本，进而影响企业的潜在获利能力。

2.2.1.3 技术因素

一般情况下，技术因素对经济及企业的影响是累积渐进的，但是一旦出现重大的技术突破，技术因素就会对经济和企业产生全面的、革命性的影响，根本改变企业的活动方式。技术因素不仅仅是指那些能引起时代革命性变革的发明创造，而且还包括与企业生产活动有关的新技术、新工艺、新材料的出现及其发展趋势和应用前景。技术因素主要从两个方面影响企业的战略选择。一方面，技术创新为企业发展创造了机遇。主要表现在：第一，新技术的出现使得社会和新兴行业增加对本行业产品的需求，从而使得企业可以拓展更广阔的市场空间；第二，技术进步使得企业可以利用新的生产方法、新的生产工艺过程或新材料，生产出质量更高、性能更好的产品，同时还有助于产品成本的降低。

技术因素对企业的直接影响表现为由技术进步对生产力、产品发展速度、就业类型变化等企业经营要素的改变，技术环境对企业的间接影响表现在由技术对个人消费观念和消费习惯的影响引起的对企业产出要求的改变；企业技术环境分析的主要内容包括技术水平和技术发展趋势、技术对产业的影响以及技术的社会影响等三个方面。

2.2.1.4 社会—人文因素

社会因素包括社会文化、社会习俗、社会道德观念、社会公众的价值观、人们对待工作的态度以及人口特征等。社会文化环境通过两个方面影响企业，一是影响人口总量和人口分布、居民的价值观和生活方式，从而影响他们对产业和对企业的态度；二是影响企业内人员的价值观和工作态度，从而影响企业的士气。与上述政治、经济、技术环境不同的是，社会文化环境的变化一般表现为渐进的，甚至是潜移默化的方式。所以，企业对社会文化环境的变化往往不易察觉，甚至在一般环境分析时忽视了对社会文化环境的分析。事实上，政治、经济和技术等环境在一定程度上都是受社会文化环境影响的。需要注意的是，社会文化环境的改变已经提出了企业社会责任的要求，企业不但是传统上认为的盈利性经济组织，而且是对自然、人类、社会、经济的协调、持续发展负有责任的组织，企业有责任协助解决诸如失业、国民教育、环境保护、消费者利益保护等社会问题。

2.2.1.5 自然因素

随着科学技术的发展，人类对自然环境、对人与自然的关系的认识逐步转变，人类对付自然的方法也越来越多，因此，不少理论工作者和企业管理人员在进行环境分析时，对自然环境分析的重视程度有所降低。不可否认的是，虽然有不少企业利用资本或是技术资源的优势克服了在自然资源方面的不足，也有不少企业通过适时调整产业结构或产品结构来弥补其所处的自然环境方面的劣势，但自然环境仍旧是不可忽视的重要外部环境。对企业来说，主要的自然环境因素有地理位置、气候条件、资源状况等三项。

2.2.2 中观的产业环境因素

产业环境是指对处于同一产业内的组织都会发生影响的环境因素。与一般环境不同的是，产业环境只对处于某一特定产业内的企业以及与该产业存在业务关系的企业发生影响。但是，由于产业环境与企业之间存在的相互影响、相互依赖的关系，使得产业环境在影响企业的同时，也不断地、明显地受企业的影响。

2.2.2.1 产业环境因素

1.产业配套

产业配套是指投资后在产业企业成长过程中，与企业研发、生产、经营、销售等过程具有经济联系的支撑条件。它不仅包括产业领域内生产技术环节的联系，而且还涵盖了为本产业发展提供服务和支撑诸要素的供给，包括技术研发、人才培养、中介服务、基础环境等。产业配套优良性决定了产业链迂回的形态，也就间接影响着产业链的稳定性。

产业配套的出现，实际上是生产经营随着分工而引起专业化和社会化不断深化的产物，是经济发展的必然结果。相关企业面对众多不确定性因素所做出的趋利避害是种自然选择，即能够通过共生互助实现对不确定性的有效控制。一是通过产业配套能够为相关企业，特别是产业链主体企业提供“保险性”，包括经营信心的保险、市场需求的保险和外部效应的保险，提高这些企业的存活率。二是表现为提高产业组织对不确定性的承担与处理能力。三是通过产业配套可以对不确定性控制做到动态演进。产业配套的价值不仅仅存在于对不确定性的现实控制，更重要的是，产业配套能够依据外在环境的变化及新的不确定性因素的产生，采取灵活适当的组织形式，以更好地实现对不确定性的控制。事实上，随着产业配套的发展，在原有不确定性因素得以控制的同时，新的不确定性因素也在悄悄萌芽和生长，客观要求产业配套的组织形式要依据环境变化不断进行创新，形成新的不确定性控制平台。

产业配套可以增强产业对不确定性的承担能力，充分降低产业的平均成本，使得区域产业链能获取竞争力或保持竞争优势。但是，配套需要针对所在产业进行投资，这通常会形成专用于某个产业甚至专用于某个产品的资产，这就意味着配套投资被该产业"套中"的相对风险的存在。由此引申，产业配套建设中将会出现如下几个层次的问题：

(1)产业配套发展不均衡；

(2)配套组织自身存在问题；

(3)配套组织与产业链主导企业之间的利益分配和风险承担的不对称问题；

(4)政府与环境建设存在的问题。

2. 产业生命周期

产品有一定的生命周期现象，产业也一样具有生命周期规律。以一定的核心技术或工艺为基础而形成的特定产业的生命周期过程一船包括形成、成长、成熟、衰退四个阶段。

形成阶段：它是指经过培育的产业萌芽转化为产业的过程。从理论上讲，资本的获利性是产业形成的最主要推动力，但从表现来看，产业的形成一般是在技术进步、资源供给和消费需求推动下完成的。这一阶段由于发明创造，或者优先引进新技术，技术都不很成熟，具有较强的技术自然垄断性。市场影响的因素较多，产业进入壁垒较高，风险较大，竞争对手等也相对较少。进入该产业的企业在经历投资初期的亏损经营后开始逐渐获得大量的垄断利润。作为一种新产业，其发展的重点在新技术的改进与完善上，技术竞争处于重要地位，技术成为形成产业链的主导因素。

成长阶段：随着新技术的不断改进与完善，市场不确定因素的减少，新兴产业的风险得到了较大程度的释放，加上产业发展的需要，政府的扶持与鼓励，高额利润的吸引，许多投资者开始进入该产业，也使产业得到迅速发展，并逐渐形成了一种类似"诸侯割据"的竞争状态。这一阶段出于产业技术的完善与成熟，技术和垄断优势逐渐丧失。随着人们对新兴产业认识程度的不断加深和产业技术的不断完善，以及消费成本的下降，消费需求成长速度较快，市场总量迅速扩张。自然垄断和自然垄断利润逐步消失，利润水平逐步走向平均化。产业成长的实质是产业的扩大再生产，具体体现为两方面：第一，产业数量的扩张，包括生产要素的不断涌入、企业数目的剧增、产业产出能力的扩张、消费市场容量的急速扩大；第二，质量上的改变，包括技术的改进和完善、就业人员素质不断提高、产业纵向分工关系的逐步形成、产业部门间的均衡发展和产业发展的稳定性以及产业协调发展和产业发展的效率。

成熟阶段：成熟的过程是一个渐进的过程。经过成长阶段的洗礼，产业出现了分化。产业内部分企业由于生产效率较高和经营观念、手段创新的成功，企业规模、经济实力都有了较大的发展，成为产业中的佼佼者和领导者；另一部分，由于各种不同原因或成长缓慢，或停滞不前，或难以为继，在市场竞争中处于极为不利的地位，大多不适应市场竞争和产业发展要求的企业逐渐被淘汰或兼并，产业逐渐形成了少数大企业共同主导的格局。市场需求处于一种相对饱和状态，增长缓慢，到了该阶段中后期，甚至出现了绝对量的停滞或下降趋势。各企业为了在未来的竞争中获取优势，促进企业的发展，它们从取得产业内主导地位起便在强化经营管理的同时开始注重技术创新与升级换代，从而为产业向下一个生命周期阶段过渡提供了条件。

衰退阶段：这一阶段由于替代品的新行业出现或新的主导产业对该产业的“关联效应”下降等原因，使产业增长率急剧下降。该产业的产品市场需求严重萎缩，产品销售量急剧下降，需求对价格的反应迟钝，产业收益低于其他行业，呈下降趋势。在这个过程中，各企业为了竞争，也为了满足消费者的需求，一般都投入大量的人、财、物进行原有技术的升级与创新，或产业的升级。产业内少数企业便可能逐步实现以更高级的技术形式取代原来产业赖以存在和发展的核心技术或工艺，产业也开始发生蜕变，这种经过蜕变后的新产业是对原产业的否定之否定的结果，是一种全新的产业。一旦这种蜕变过程结束，便开始了新的产业生命周期的循环。

产业生命周期不同阶段，无论是消费需求特征、技术创新性以及制度性因素，还是主要矛盾，都各不相同，这决定了产业链在不同阶段的形态。

2.2.2.2 波特的五种力量模型

迈克尔·波特教授认为，企业竞争战略应该是与企业所处的外部环境密切相关的，外部环境中最关键的就是产业环境。产业环境属于外部环境中的中观环境，产业环境分析的内容主要是分析本行业中的企业竞争格局以及本行业和其他行业的关系，行业的结构及其竞争性决定着行业的竞争原则和企业可能采取的战略。产业环境的分析主要从两个方面着手：一是分析产业中竞争的性质和该产业中所具有的潜在盈利空间；二是弄清该产业内部企业之间在经营上的差异，以及这些差异与它们战略地位的关系。分析前者常用的工具是波特提出的“五种力量模型”；分析后者的常用工具是战略集团分析方法。

波特认为构成产业环境的主要因素有五类：由产业内企业间的竞争形成的产业竞争强度、有可能进入产业的潜在进入者、产业的供应方、产业的买方，以及在功能上与产业产品具有某种替代性的替代品。这些因素的共同作用决定了产业的基本活动方式、产业内企业关系、产业竞争强度、产业的基本获利能力和获利潜力。五类因素的关系如图 2.2 所示。

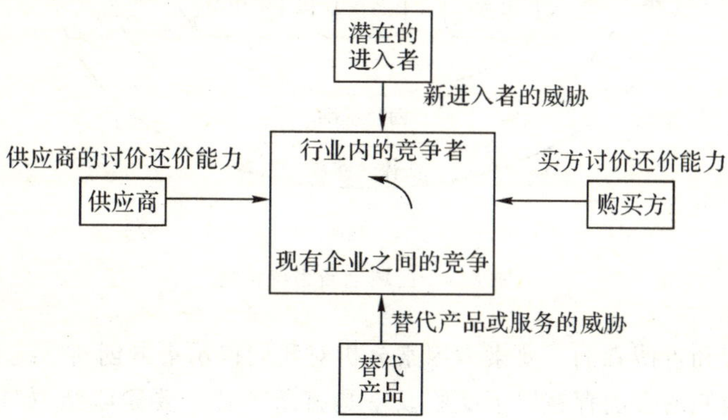

图 2.2　波特提出的“五种力量模型”

从产业发展的态势来看，产业环境可以直接呈现产业发展现状及其前景，直接决定产业内企业的发展空间与前景。产业的发展态势主要表现在三个方面：产业的成长性、产业内企业间的市场竞争态势及市场盈利率。产业的发展态势可以分为四种类型：新兴产业、成长产业、成熟产业和衰退产业，这种状态呈现出一定程度的继起性，共同构成产业生命周期。

2.2.2.3　基于区域创新理论的模型

1. 区域创新系统模型

帕特卯和吉博森提出了以产业集群为基础的区域创新系统，其构成为三要素六因素。三类要素分别是环境、企业和市场。环境要素是整个创新系统的供应要素，即生产过程的投入要素，它包括两个因素：资源和基础结构设施。企业要素是整个系统的结构要素，它决定了集群生产效率，该要素由供应商和相关产业两个因素构成。市场要素是整个集群的需求要素，该要素也包括两个因素：外部市场和内部市场。如图 2.3 所示。

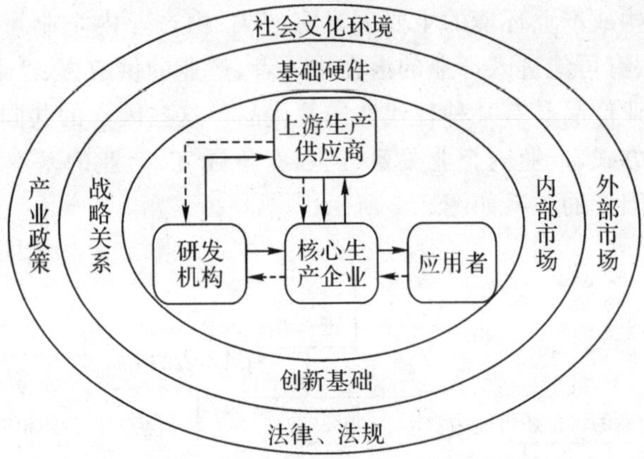

图 2.3　区域创新系统结构

帕特卯和吉博森的三要素六因素分析对我们揭示集群创新系统有很大的借鉴。但是他们的分类存在以下缺陷。一是打断了各个要素联结，如把市场要素和企业要素分离，破坏了集群内部企业成员之间在价值链等方面的联结。其实，供应商、企业、用户三者是很难明确界定的，如供应商是后一产业环节的资源供应者，但它同时可能是前一产业环节的用户。二是不利于对各要素影响集群创新系统的作用进行强度分析，因为缺乏主次感，容易给政策设计时考虑要素之间的关系带来混乱。

2. 产业集群创新系统模型

集群创新系统的构成要素中，最关键的要素是产业集群中的相关企业集合以及由它们所组成的网络。相关企业以网络内部企业为主体，它们主要通过相关的信息流和内部联结模式进行互动（如供应链关系、合作和信息网络），此外，也包括集群外部相关企业。其次是集群技术基础设施，包括硬件基础设施和软件基础设施，其中软件基础设施如：作为知识生产和提供者的研究开发机构、实验室和大学，作为人力资源开发的培训机构，和提供相关服务的金融机构、产业协会、技术服务机构等。第三是集群环境因素，包括社会、文化、政府、外部资源和制度规制等。这些因素往往是集群自身不可控的,属于集群的外围因素。根据这些要素在产业集群中的定位和作用方式不同,我们把集群创新系统的构成分为核心层次要素、辅助层次要素和外围层次要素三大类。核心层次要素包括供应商、竞争企业、用户和相关企业四因素,并由这四因素构成了集群及其创新网络的核心主体,它们之间通过产业价值链、竞争合作或其他内部联结模式实现互动。辅助层次要素,即基础设施要素,包括三个因素:硬件技术基础设施、集群代理机构和公共服务机构。辅助层次要素服务于集群创新系统的持续创新产出,离开核心层次要素,辅助层次要素就失去存在意义。辅助层次要素为集群自身可控要素。外围层次要素包括政府、正式和非正式制度规制、外部市场关系三因素。这些因素构成了集群所处的外部环境,它们同样作用于集群创新活动,但没有集群,这些要素同样存在,因此,这些要素为集群不可控要素。其中"政府"在其他研究中作为因素下面的一个变量考虑,而这里作为一个单独因素,因为,政府在我国产业集群发展过程中起着特别重要的作用。浙江大学学者魏江将上述三大要素及其因素可以总结为表 2.1。

表 2.1　集群创新系统要素模型分析

<table>
<tr><th>构成要素</th><th colspan="2">构成因素</th><th>因素变量</th></tr>
<tr><td rowspan="4">核心层次要素</td><td colspan="2">供应商企业</td><td>生产要素的内部提供者</td></tr>
<tr><td colspan="2">竞争企业</td><td>产品竞争或互补企业</td></tr>
<tr><td colspan="2">用户企业</td><td>产品(中间产品)需求者</td></tr>
<tr><td colspan="2">相关企业</td><td>资源、生产要素、基础设施等方面关联企业</td></tr>
<tr><td rowspan="3">辅助层次要素</td><td colspan="2">硬件技术基础设施</td><td>道路、港口、管道、通信、水电等</td></tr>
<tr><td colspan="2">集群代理机构</td><td>行业协会、企业家协会等</td></tr>
<tr><td colspan="2">公共服务机构</td><td>研究开发和服务机构、实验室和大学,人力资源与培训机构、金融机构等</td></tr>
<tr><td rowspan="4">外围层次要素</td><td colspan="2">政　府</td><td>政府有关机构,如地方科委,经委等</td></tr>
<tr><td rowspan="2">制度规制</td><td>正式制度规制</td><td>税收制度、国家财政政策、金融政策、技术交易和其他法律等</td></tr>
<tr><td>非正式制度规制</td><td>社会(如经营和就业环境、生产质量)和文化(伦理道德、社会规范、价值观、人际关系)</td></tr>
<tr><td colspan="2">外部市场关系</td><td>外部资源供应者,外部产品需求者</td></tr>
</table>

集群创新系统结构揭示的是构成集群创新系统的各个要素之间正式和非正式的联结方式。这些要素要对整个集群产生作用,是通过相互的接点联结构成

整体后完成的，产业集群化过程是企业之间以及各个要素之间联结的数量和质量的函数，而且，各个要素的联结稳定程度和联结接点多少影响着集群的范围和规模。因此，分析这些要素之间的接点和联结模式，对于建立和完善集群创新系统具有重要的意义，正是这种联结产生了创新集聚、顾客满意、高绩效的创新产出，以及其他经济利益。为了清晰解剖三层次要素内部以及各层次要素之间的联结，构筑了如图 2.4 所示的集群创新系统总体结构模型。

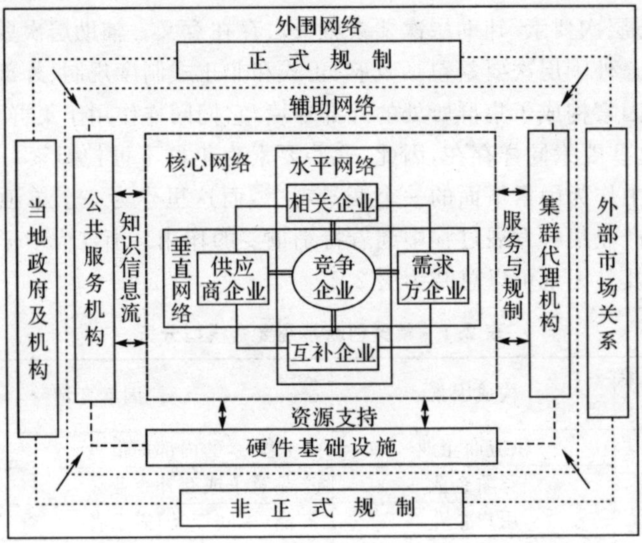

图 2.4　产业集群创新系统结构

该模型包括三个层次的网络：核心网络、辅助网络和外围网络。其中核心网络反映的是核心层次的要素联结，辅助网络反映的是辅助层次要素的联结，外围网络反映的是外围层次要素的联结。这三个层次网络之间的关系可以总括为：第一，辅助网络主要为核心网络提供资源和基础设施，如知识流、技术流、人力资源流、信息流等生产要素的支持，其中的集群代理机构还作为政府和集群的代理人，承担集群内部的制度设计和行为规范。第二，外围网络或通过不断完善辅助网络，或直接通过有关规制的建设，或通过其他间接的作用方式（如文化和人际关系），影响着核心网络的行为和相互联结方式。

在核心网络中，构成要素之间联结主要有垂直网络关系（如供应商—用户关系）和水平网络关系（如竞争合作互动）。其中，在垂直网络关系中，包括的供需关系如：原材料和能源的供需关系，机器设备及相应服务的供需关系，以人员流动为基础的人力资源供需关系，中间产品（零配件、加工后物资、辅料、子系统等）的供需关系，以技术溢出为基础的技术供需关系，市场服务供需关系（如销售公司、网站、广告公司、专业市场、商会等）。此外，还可能出现基础设施供需关系，如集群内部以独立运营商的身份出现的企业向其他企业提供相应的技术基础设施建设。这些供需关系中，有的以契约的方式实现，有的以要素自然流动的方式实现。在水平网络关系中，包括相互之间的非交易关系，如产出上的互补关系或竞争关系，市场开发上的互动关系，在要素投入上的资源和基础设施共享关系等。

第3章　宁波市场经济特征分析

宁波地处我国大陆海岸线中段、长江三角洲南翼，是中国首批沿海对外开放城市、计划单列市和副省级城市。改革开放以来，全市人民在宁波市委和市政府的领导下，以社会主义市场经济理论为指导，认真执行党中央、国务院的政治方针和经济政策，在推进农村工业化、培育专业市场、扶持民营经济、发展外向型经济、加快小城镇建设、促进区域经济发展等方面取得了一系列令人瞩目的成就。改革开放以来，宁波市的经济持续快速增长，社会各项事业全面进步，经济与社会相互协调、和谐发展。目前，宁波已成为浙江江省的经济中心之一，其综合竞争力名列我国大中城市前茅。宁波也是全国首批文明城市、国家环境保护模范城市、国家卫生城市、国家园林城市和全国最容易就业城市。

第1节　宁波市场经济的基本情况统计

截至2007年7月，宁波共有内、外资市场主体138898户。其中，内资企业数量比重很高，占94%(129531家)，台港澳投资企业和外商投资企业各占3.79%和2.95%，分别为5269家和4098家，另有262687户个体工商户。表3.1和图3.1展示了宁波市场主体的基本构成。

表3.1　宁波市场主体的基本构成

	数量(户)	百分比
内资企业	129531	93.26%
外商投资企业	5269	3.79%
台港澳投资企业	4098	2.95%
合计	138898	100%

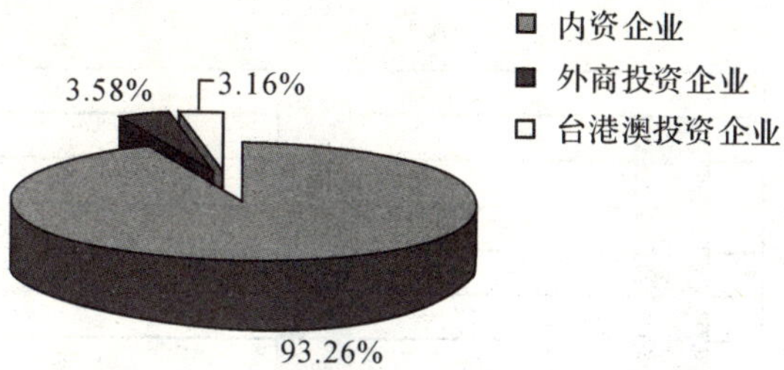

图 3.1 宁波市场主体的基本构成

按企业类型统计，宁波外商投资企业数量分布（有效数据 4352 户）见表 3.2 和图 3.2。其中，中外合资和外商独资企业是宁波外商投资企业的主要类型，分别为 1595 户和 1659 户。

表 3.2 外商投资企业类型分析

企业类型	数量（户）
中外合资企业	1595
中外合作企业	62
外商独资企业	1659
外商投资企业办事机构	185
外商投资企业分支机构	851
外国企业常驻代表机构	910
外国企业在中国境内经营活动	7
合计	5269

同样，按企业类型统计台港澳投资企业的数量分布（4098 户），发现宁波台港澳投资企业主要是港资合资和独资企业，分别为 1190 户和 1246 户（见表 3.3 和图 3.3）。

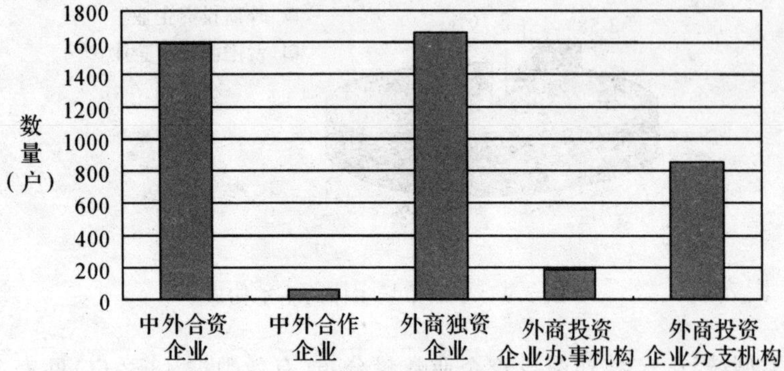

图 3.2　宁波外商投资企业类型分布

表 3.3　宁波台港澳投资企业类型分析

企业类型	数量(户)			
	澳　资	台　资	港　资	合　计
合资企业	21	301	1190	1513
合作企业	0	8	62	70
独资企业	10	413	1246	1669
企业办事机构	3	35	91	129
企业分支机构	4	75	639	718
合计	38	832	3228	4098

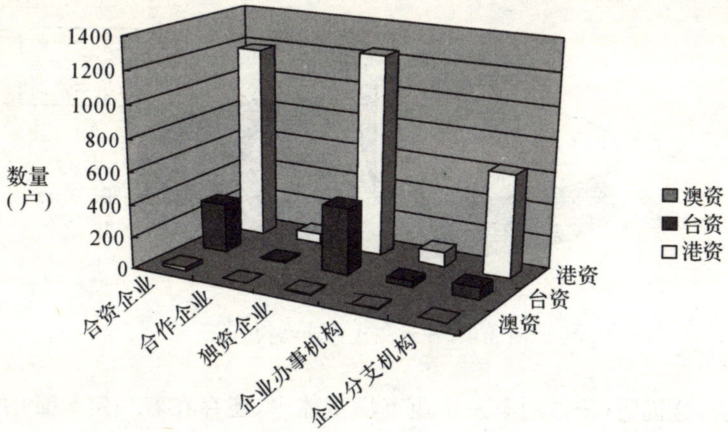

图 3.3　宁波台港澳投资企业类型分布

第 2 节　宁波内资市场主体的产业结构及区域分布分析

改革开放以来，宁波以其特定的人文历史和区域资源（如浓厚的商业文化资源、广泛的“宁波帮”人脉资源、沿海与港口的地域资源）为依托，在党和国家的经济政策指导之下，逐步形成了特色明显、产业结构相对合理的经济结构。

3.2.1　宁波三次产业结构分析

经济增长方式与产业结构有着密切的关系。国际上流行用第一、二、三次产业对当地 GDP 贡献的比重表示该地区的经济发展方式和程度。为此，从三次产业结构的角度分析宁波的市场经济。

企业数量与质量是相关产业发展情况的一个重要指标。截至 2007 年，宁波第一、第二、第三次产业市场主体的数量比率分别为 1.33％、49.10％、49.60％（见图 3.4）。

总体数量上看，宁波的第二、三次产业市场主体平分秋色，两者占据了宁波经济的绝对主导地位，且第三次产业市场主体数量略微多于第二次产业。从质量上看，据宁波统计年鉴数据，至 2007 年宁波的第三产业对 GDP 的贡献比重为 40.5％，在长三角城市中位于较高的水平。这个数据仍然滞后于企业数量约 9

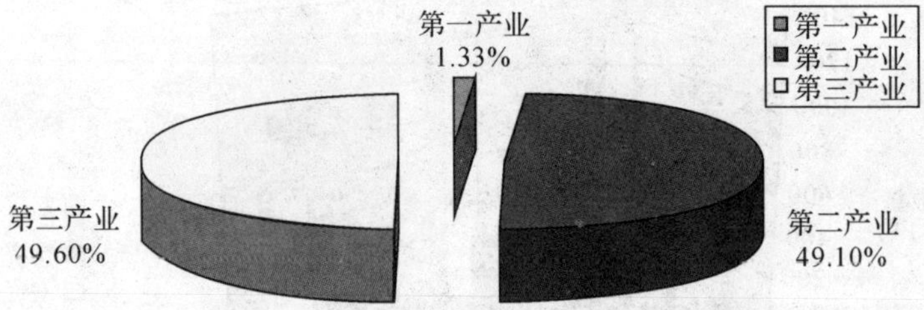

图 3.4 宁波三次产业结构分析

个百分点。这说明，宁波的第三产业市场主体中，还存在着一定数量的效益低、产值低的企业。

3.2.2 宁波产业结构调整与发展分析

2000 年以来，宁波的三次产业市场主体数量百分比见表 3.4。表中的数据揭示了宁波产业结构发展变迁的特征：

1)2000 年以来，第一产业市场主体的数量比重总体而言维持在一个很低的水平上，占市场主体总数的 2%不到。但是，近两年表现出略有上升的趋势。

表 3.4 宁波历年产业结构变化情况统计

年 份	市场主体数量百分比		
	第一产业	第二产业	第三产业
2000 年	0.84%	58.29%	40.86%
2001 年	1.05%	59.97%	38.98%
2002 年	1.22%	56.55%	42.23%
2003 年	1.17%	50.27%	48.56%
2004 年	0.93%	47.98%	51.09%
2005 年	1.64%	46.36%	52.00%
2006 年	1.94%	44.29%	53.77%

2)第二产业与第三产业市场主体在数量上平分秋色，是宁波经济的绝对主导。但是从发展趋势来看，第二产业市场主体数量呈小幅下降，从 2000 年的 58.29%逐步下降到 44.29%左右。

3)第三产业市场主体是近几年来宁波市场主体中发展相对较快的一部分，从图 3.5 中的数据看，2004 年起第三产业市场主体数量百分比跃过 50%，成为宁波经济的主导产业。

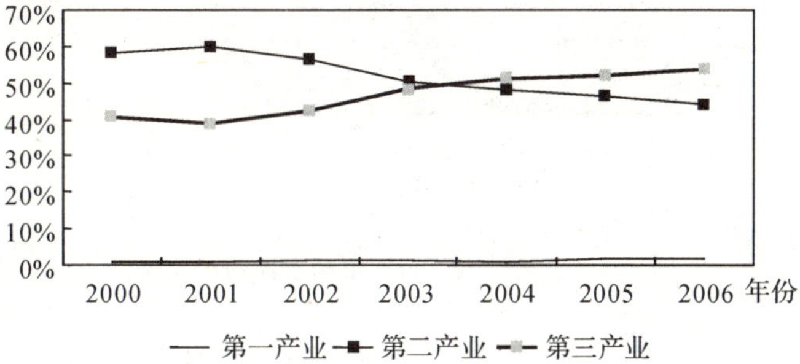

图 3.5　宁波近六年产业结构变化

进一步分析宁波近六年新增市场主体的产业属性，可以发现第三产业市场主体是年新增量最大的成分(见表 3.5 和图 3.6)，高于 64%，而第二产业市场主体年新增量却呈逐年下降趋势，从 1999 年的 34.7%降为 2006 年的 27.89%。

表 3.5　宁波近六年新增市场主体的产业属性

年　份	新增市场主体数量百分比		
	第一产业	第二产业	第三产业
1999 年	0.52%	34.7%	64.78%
2000 年	0.41%	28.52%	71.06%
2001 年	0.67%	35.43%	63.9%
2002 年	0.76%	34.27%	64.97%
2003 年	1.026%	32.21%	66.76%
2004 年	0.86%	28.08%	71.06%
2005 年	1.1%	26.65%	72.25%
2006 年	1.32%	27.89%	70.79%

3.2.3　宁波三次产业市场主体数量的区域分布特征分析

宁波的三次产业结构也表现出区域差异，表 3.6 和图 3.7 是宁波三次产业市场主体数量的区域分布情况统计。

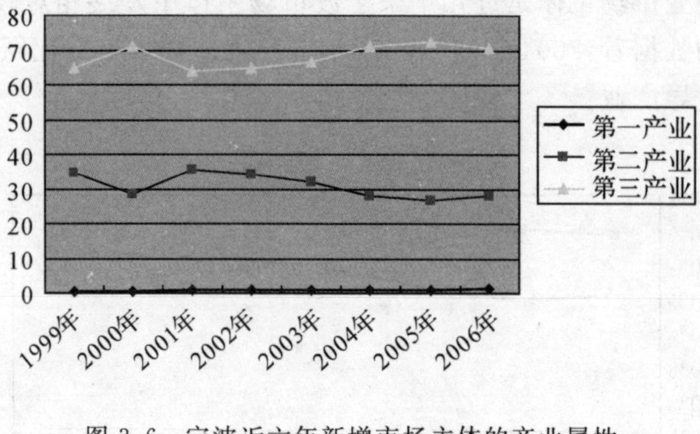

图 3.6　宁波近六年新增市场主体的产业属性

表 3.6　宁波三次产业市场主体数量的区域分布特征

区　域	市场主体数量百分比		
	第一产业	第二产业	第三产业
宁波市	1.33%	49.10%	49.60%
海曙区	0.10%	17.77%	81.61%
江东区	0.10%	20.47%	78.62%
江北区	0.75%	43.55%	55.50%
北仑区	0.82%	31.94%	67.20%
镇海区	0.64%	52.51%	46.42%
鄞州区	0.65%	69.50%	29.63%
象山县	2.46%	50.92%	46.61%
宁海县	4.40%	62.90%	32.69%
余姚市	1.39%	63.96%	34.61%
慈溪市	2.02%	66.26%	31.70%
奉化市	1.41%	63.65%	34.88%

从表 3.6 和图 3.7 可以看出，宁波不同区域之间的产业分布存在着明显差异：

(1)海曙区、江东区、江北区和北仑区的产业分布特点是第三产业为主，第二产业为辅。这些地区的第三产业市场主体数量百分比均超过 50%。其中，海曙区和江东区的第三产业市场主体数量百分比最高，分别达到了 81.61%和

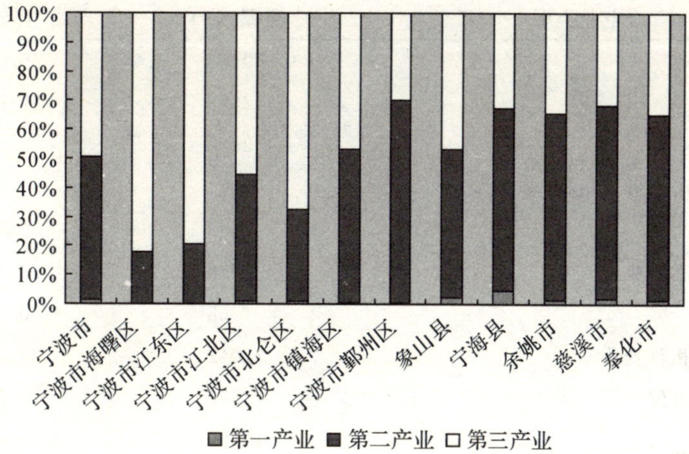

图 3.7　宁波三次产业市场主体数量的区域分布

78.62%，第二产业市场主体数量百分比在 20%以下。

(2)镇海区和象山县的产业分布特点是第二产业和第三产业并重。

(3)其余各市、区、县的第二产业较发达，第二产业市场主体的数量百分比超过 60%。

(4)宁波各县、市的第一产业市场主体数量比率与各区相比略大一些，其中宁海县达到 4.4%。

第 3 节　宁波内资市场主体的企业类型与行业分布分析

根据本章第一节分析可知，宁波的市场主体中，内资企业数量占绝大部分，比重达 94%，因此我们将集中分析宁波内资市场主体的特征。

3.3.1　宁波内资市场主体的企业类型分析

按所属企业类型统计宁波内资市场主体的数量，结果见表 3.7 和图 3.8。

表 3.7　宁波不同企业类型的市场主体数量统计

企业类型	数量(户)	百分比
股份制企业	60438	46.66%
分公司	12558	9.69%
股份合作企业	2626	2.03%
内资企业法人分支机构(非法人)	2054	1.59%
国有企业	688	0.53%
集体所有制企业	2836	2.19%
联营企业	63	0.05%
(非公司)私营企业	37012	28.57%
内资经营单位	694	0.54%
其他	10562	8.15%
总计	129531	

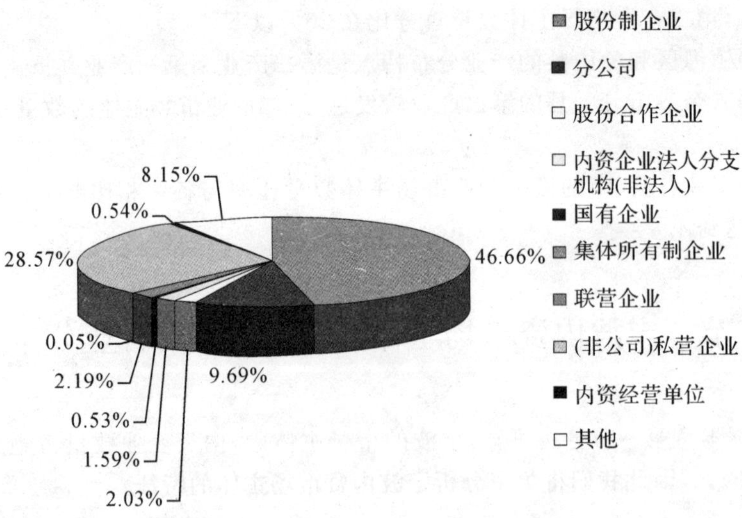

图 3.8　宁波不同企业类型的市场主体数量统计

由上面表 3.7 的数据可见：

(1)宁波市场主体从数量上看，主要由股份制企业和(非公司)私营企业构成，它们分别占全部市场主体的46.66%和28.57%。

(2)在宁波的60438家股份制企业中，责任有限公司是其主要形式，有60262家；在这60262家责任有限公司中，有52697家是自然人投资或控股的。股份有限公司数量较少，仅176家，其中上市公司为23家。

(3)非公司私营企业有37012家，其中主要是个人独资企业，占了29540家，合伙企业为6301家。

3.3.2 宁波内资市场主体的行业分布分析

宁波不同行业市场主体的数量和注册资金统计结果如表3.8所示。由表3.8的数据可知，"制造业"、"批发零售业"和"租赁和商务服务业"分别以60878户、30139户和6349户位列宁波市场主体从事的行业的前三甲，占宁波的市主体总数的50.83%、25.17%和5.30%。上述三类市场主体数量之和约占宁波市场主体总量的81.3%。

表3.8 宁波不同行业市场主体的数量和注册资金分布

行业	数量(户)	百分比(%)	注册资金最大值(万元)	平均注册资金(万元)	注册资金标准差
农、林、牧、渔业	1663	1.39	7000	98.25	343.71
采矿业	247	0.21	6855	93.22	461.26
制造业	60878	50.83	360000	198.31	2827.75
电力、燃气及水的生产和供应业	404	0.34	170000	2013.38	10163.85
建筑业	3884	3.24	385000	648.97	7589.78
交通运输、仓储和邮政业	3317	2.77	600000	823.15	12012.55
信息传输、计算机服务和软件业	2267	1.89	70468	104.62	1532.57
批发和零售业	30139	25.17	44468.15	144.01	777.11
住宿和餐饮业	1492	1.25	17500	231.94	1085.86
金融业	1831	1.53	1100000	1897.13	27643.8
房地产业	1940	1.62	100000	1545.58	5018.58
租赁和商务服务业	6349	5.30	353700	566.79	5257.92
科学研究、技术服务和地质勘查业	1297	1.08	271980	563.63	8327.16
水利、环境和公共设施管理业	378	0.32	50000	850.68	4010.62
居民服务和其他服务业	2649	2.21	17900	110.08	598.50

续表

行业	数量(户)	百分比(%)	注册资金最大值(万元)	平均注册资金(万元)	注册资金标准差
教育	84	0.07	3387	133.91	473.03
卫生、社会保障和社会福利业	179	0.15	15000	291.81	1291.80
文化、体育和娱乐业	539	0.45	12000	112.18	602.77
公共管理和社会组织	95	0.079	37470	2180.0	6255.89
国际组织	127	0.11	50800	2814.4	8317.28

第4节　宁波内资市场主体的区域分布特征分析

块状经济是宁波的特色经济之一，表现为市场主体的区域性高度集聚。所以我们对宁波市场主体的区域性分布进行系统分析。宁波的行政区划由6个市辖区——海曙区、江东区、江北区、镇海区、北仑区和鄞州区，2个县——宁海县、象山县，3个县级市——慈溪市、余姚市、奉化市构成。

统计宁波11个区、县(市)的内资市场主体数量和注册资金分布，结果见表3.9和表3.10。

表3.9　宁波内资市场主体数量的区域分布特征　　单位：户

行业类型	海曙区	江东区	江北区	北仑区	镇海区	鄞州区	象山县	宁海县	余姚市	慈溪市	奉化市	城区	合计
农、林、牧、渔业	9	10	52	100	52	162	166	277	193	383	166	8	1578
采矿业	0	0	4	43	18	37	22	10	65	35	9	2	245
制造业	992	1339	2934	3362	3570	12112	3073	3755	9104	10420	4327	585	55573
电力、燃气及水的生产和供应业	3	2	7	39	19	77	42	49	64	56	45	12	415
建筑业	552	442	252	814	214	394	188	194	371	365	176	434	4396
交通运输、仓储和邮政业	318	230	580	490	352	320	140	123	316	303	124	514	3810
信息传输、计算机服务和软件业	449	303	120	172	61	329	118	107	217	249	39	147	2311
批发和零售业	3970	3979	2342	4784	1445	3138	1361	1172	3400	3164	837	2353	31945
住宿和餐饮业	276	209	112	81	86	112	70	64	132	232	47	87	1508
金融业	59	58	104	195	132	373	135	122	275	284	147	245	2129
房地产业	223	183	124	189	80	322	130	63	175	151	71	298	2009
租赁和商务服务业	1211	1175	513	529	243	601	269	299	435	567	221	1368	7431
科学研究、技术服务和地质勘查业	104	159	97	139	89	186	56	33	117	93	22	235	1330
水利、环境和公共设施管理业	32	28	17	49	17	73	32	29	52	26	27	26	408

续表

行业类型	海曙区	江东区	江北区	北仑区	镇海区	鄞州区	象山县	宁海县	余姚市	慈溪市	奉化市	城区	合计
居民服务和其他服务业	538	332	165	310	152	305	150	82	183	329	168	139	2853
教育	1	1	9	8	5	11	26	5	10	12	6	9	103
卫生、社会保障和社会福利业	26	15	22	17	8	7	3	4	42	36	5	3	188
文化、体育和娱乐业	67	73	36	33	37	44	42	19	47	88	15	51	552
公共管理和社会组织	69	3	3	1	1	1	0	25	0	14	0	2	119
国际组织	68	6	13	0	2	4	0	30	0	3	0	49	175
合计	8967	8547	7506	11355	6583	18608	6023	6462	15198	16810	6452	6567	119078

表 3.10 宁波内资市场主体的注册资金(平均)区域分布特征 单位:户

行业类型	海曙区	江东区	江北区	北仑区	镇海区	鄞州区	象山县	宁海县	余姚市	慈溪市	奉化市	城区	平均
农、林、牧、渔业	531.56	282.60	199.73	190.82	109.76	88.75	122.34	77.52	65.97	58.03	111.82	885.00	101.02
采矿业	0.00	0.00	20.25	335.48	23.16	30.88	120.55	62.01	22.78	23.72	60.68	241.00	92.56
制造业	90.31	372.75	115.43	177.76	138.77	143.59	164.70	130.19	92.91	148.60	111.81	1503.22	152.65
电力、燃气及水的生产和供应业	58666.67	15025.00	422.80	2545.40	3376.67	467.08	761.54	419.30	1778.09	1101.09	245.48	15000.70	1990.12
建筑业	134.06	289.24	1682.94	375.23	492.24	648.82	646.69	467.34	419.82	551.41	436.13	1911.09	603.29
交通运输、仓储和邮政业	1055.24	309.02	340.11	2365.98	535.95	211.29	159.50	90.96	166.69	122.18	216.58	1034.08	748.46
信息传输、计算机服务和软件业	35.73	56.58	94.16	118.79	69.11	148.43	24.49	28.97	35.95	359.75	46.77	202.93	106.72
批发和零售业	134.46	73.32	116.12	240.38	153.71	134.09	95.13	92.54	89.77	108.06	119.20	292.34	142.67
住宿和餐饮业	135.67	127.67	327.41	374.42	121.51	418.87	463.64	123.59	79.12	128.43	196.96	522.00	211.68
金融业	3576.50	848.66	943.51	1557.73	745.35	6137.29	206.51	385.94	783.15	518.84	348.81	821.95	1755.94
房地产业	1580.22	1050.04	1569.74	1541.76	1390.60	1517.55	1416.01	1393.69	938.88	1230.74	1130.40	1508.10	1383.67
租赁和商务服务业	457.58	279.77	340.01	806.41	659.58	1042.82	1000.68	694.46	501.30	664.28	445.69	540.93	574.09
科学研究、技术服务和地质勘查业	457.74	339.91	106.12	226.02	361.69	280.62	80.33	131.33	131.42	260.65	53.51	175.24	242.98
水利、环境和公共设施管理业	81.54	270.93	141.75	1728.18	407.38	633.74	472.38	1581.31	1136.31	350.19	243.40	2823.26	831.29
居民服务和其他服务业	51.02	54.14	59.96	157.83	78.66	99.54	181.81	530.12	146.90	94.72	145.79	152.49	111.32
教育	501.80	100.00	47.83	24.13	7.76	281.60	16.08	22.00	46.30	317.50	58.33	381.67	133.91
卫生、社会保障和社会福利业	191.40	342.86	303.23	123.71	80.63	3390.00	116.67	65.00	88.33	100.08	3.40	408.33	288.72
文化、体育和娱乐业	268.36	37.81	30.60	90.90	74.07	289.90	37.96	30.34	55.21	53.26	50.07	241.77	113.00
公共管理和社会组织	20.85	1505.00	116.67	30.00	0.00	1000.00	0.00	134.53	0.00	192.50	0.00	2514.00	201.92
国际组织	1430.81	11726.33	803.83	0.00	0.00	706.67	0.00	236.58	0.00	15403.68	0.00	3301.57	2669.53
合　计	69401.52	33091.63	7782.18	13010.91	8826.58	17671.52	6087.00	6697.71	6578.90	21787.72	4024.85	34461.68	12455.56

从表 3.9 中的数据分析，宁波市场主体从数量上看，制造业占据了半壁江山，约 46.67%，而 56.9%的制造业市场主体是高密度地聚集在鄞州、慈溪和余姚 3 个市(区)。批发和零售业市场主体数量占据了总数的 1/4，相对集中地分

布在海曙区、江东区、北仑区、鄞州区、慈溪市和余姚市。

但是从注册资金来看，宁波制造业和批发零售业市场主体规模显得较小，平均注册资金分别为 152 万元和 142 万元左右。

租赁和商务服务业市场主体数量位列第三，约为总数的 6%，但平均注册资金较高，为 574 万元，在海曙区和江东区有高度的聚集。

3.4.1 宁波制造业的区域分布特征

由于从数量上看，制造业占据着宁波市场主体的半壁江山，有必要集中分析制造业的区域分布特征来揭示宁波各区、县、市的经济特色。

从表 3.11 宁波制造业企业数量的区域分布特征可以发现，宁波的制造业主要由设备制造业（包括通用设备制造业、专用设备制造业、交通运输设备制造业）、电气机械及器材制造业、塑料制品业、纺织服装制造业（纺织业、纺织服装、鞋、帽制造业）和金属制品业构成，并形成了一定的块状经济特点。

表 3.11 宁波制造业企业数量的区域分布特征 单位：户

	总量	海曙区		江东区		江北区		北仑区		镇海区		鄞州区		象山县		宁海县		余姚市		慈溪市		奉化市	
		数量	百分比	数量	百分比	数量	百分比	数量	百分比	数量	百分比	数量	百分比	数量	百分比	数量	百分比	数量	百分	数量	百分比	数量	百分比
农副食品加工业	727	3	0.28	6	0.41	52	1.60	48	1.14	27	0.67	61	0.45	234	7.11	32	0.79	133	1.34	62	0.56	69	1.51
纺织业	2819	40	3.72	56	3.81	109	3.35	77	1.83	145	3.61	565	4.17	970	29.47	72	1.78	188	1.89	439	3.94	158	3.45
纺织服装、鞋、帽制造业	4384	133	12.38	135	9.20	193	5.94	231	5.50	275	6.84	1787	13.18	220	6.68	100	2.47	141	1.42	525	4.71	644	14.05
木材加工及木、竹、藤、棕、草制品业	578	14	1.30	9	0.61	58	1.78	23	0.55	28	0.70	240	1.77	21	0.64	31	0.77	42	0.42	23	0.21	89	1.94
家具制造业	450	20	1.86	14	0.95	52	1.60	47	1.12	22	0.55	123	0.91	31	0.94	22	0.54	61	0.61	39	0.35	19	0.41
造纸及纸制品业	901	17	1.58	52	3.54	62	1.90	74	1.76	49	1.22	240	1.77	40	1.22	62	1.53	128	1.29	74	0.66	103	2.25
印刷业和记录媒介的复制	1776	54	5.03	73	4.97	90	2.77	65	1.55	75	1.86	501	3.70	35	1.06	198	4.90	269	2.71	299	2.68	117	2.55
文教体育用品制造业	1264	11	1.02	19	1.29	66	2.03	116	2.76	83	2.06	157	1.16	12	0.36	355	8.78	182	1.83	224	2.01	39	0.85
化学原料及化学制品制造业	1039	16	1.49	25	1.70	58	1.78	104	2.48	156	3.88	234	1.73	72	2.19	61	1.51	126	1.27	110	0.99	77	1.68
塑料制品业	7291	127	11.82	161	10.97	293	9.04	394	9.38	359	8.93	1454	10.72	149	4.53	671	16.59	1642	16.55	1655	14.68	386	8.42
非金属矿物制品业	1527	19	1.77	27	1.84	117	3.60	138	3.29	88	2.19	278	2.05	105	3.19	92	2.27	306	3.08	208	1.87	149	3.25
金属制品业	6118	135	12.57	158	10.76	433	13.32	558	13.29	367	9.12	1307	9.64	112	3.40	531	13.13	1103	11.12	923	8.29	491	10.72
通用设备制造业	9857	138	12.85	203	13.83	576	17.72	578	13.77	1157	28.77	3247	23.95	354	10.75	321	7.94	1247	12.57	1173	10.53	863	18.83
专用设备制造业	3246	59	5.49	70	4.77	181	5.57	637	15.17	246	6.12	402	2.97	380	11.54	433	10.41	429	4.32	298	2.68	111	2.42
交通运输设备制造业	3083	47	4.38	94	6.40	185	5.69	229	5.45	171	4.25	653	4.82	142	4.31	138	3.41	731	7.37	496	4.45	197	4.30
电气机械及器材制造业	6735	95	8.85	116	7.90	282	8.67	306	7.29	288	7.16	729	5.38	163	4.95	403	9.97	1803	18.17	2147	19.27	403	8.80
通信设备、计算机及其他电子设备制造业	2707	60	5.59	111	7.56	129	3.97	217	5.17	109	2.71	540	3.98	67	2.04	127	3.14	469	4.73	743	6.67	135	2.95
仪器仪表及文化、办公用机械制造业	1021	12	1.11	32	2.18	73	2.25	66	1.57	61	1.52	146	1.08	15	0.46	23	0.57	301	3.03	170	1.53	122	2.66
工艺品及其他制造业	2388	31	2.89	54	3.68	85	2.61	122	2.91	69	1.72	501	3.70	47	1.43	83	2.05	151	1.52	1100	9.88	145	3.16

(1)设备制造业

宁波市的“十一五”规划把通用机械设备、交通运输设备、专用机械设备、电气机械设备和仪器仪表设备等五大装备制造业作为优势领域加以重点发展。

其中,由通用设备、专用设备和交通运输设备构成的三大设备制造领域已成为宁波的一个经济特色,并拥有相应的市场主体 16415 户,占宁波整个制造业的 27.11%,尤其在注塑机、厢式变电站、微型汽车发电机、汽车底盘自动润滑系统、电梯自动门装置、液压搬运车、模拟监控屏、万能组合式减速机等产品的市场占有率居全国第一。图 3.9 的数据表明,宁波的三大设备制造业主要分布在鄞州区、余姚市和慈溪市。

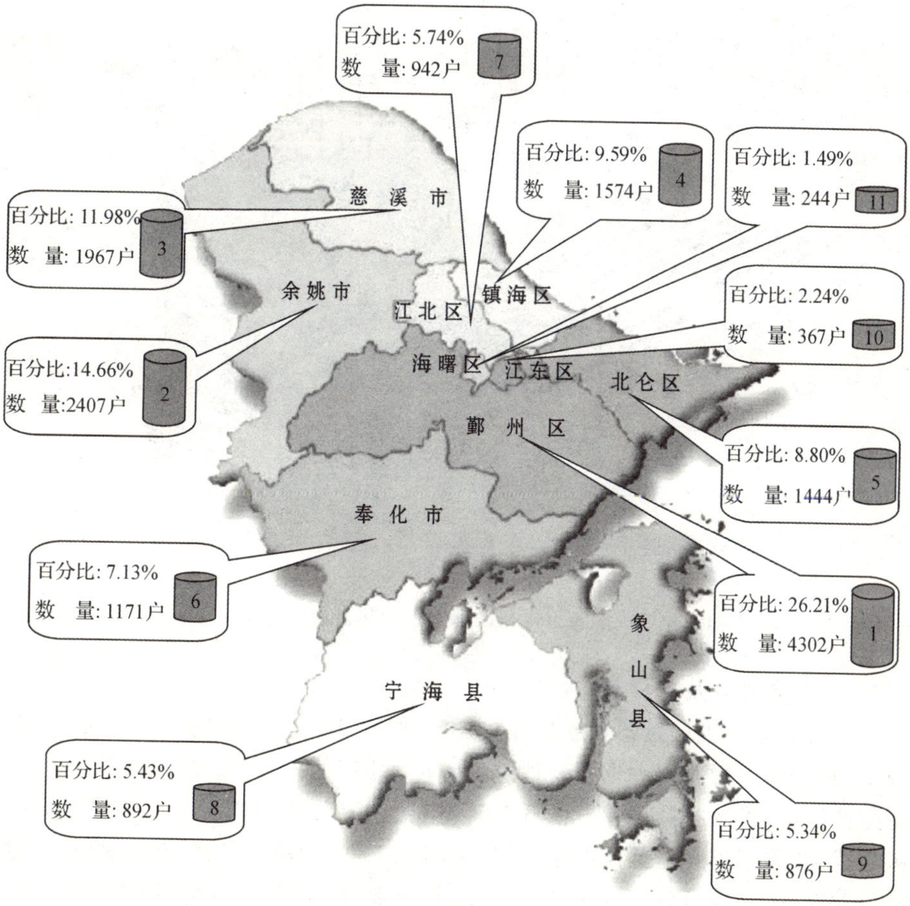

图 3.9 宁波设备制造业分布地图

追溯宁波的设备制造业区域化发展的轨迹(见图 3.10),我们发现鄞州区表现为一枝独秀,从 1993 年开始,鄞州区的设备制造业就领先于其他区域,出现了迅速崛起的现象,并向余姚市和慈溪市辐射,带动这些地区的设备制造业稳步发展。1996 年鄞州区的设备制造业主体数量达到了第一个高潮,随后略有回落,到 2000 年,又重拾升势,一直发展到今天。

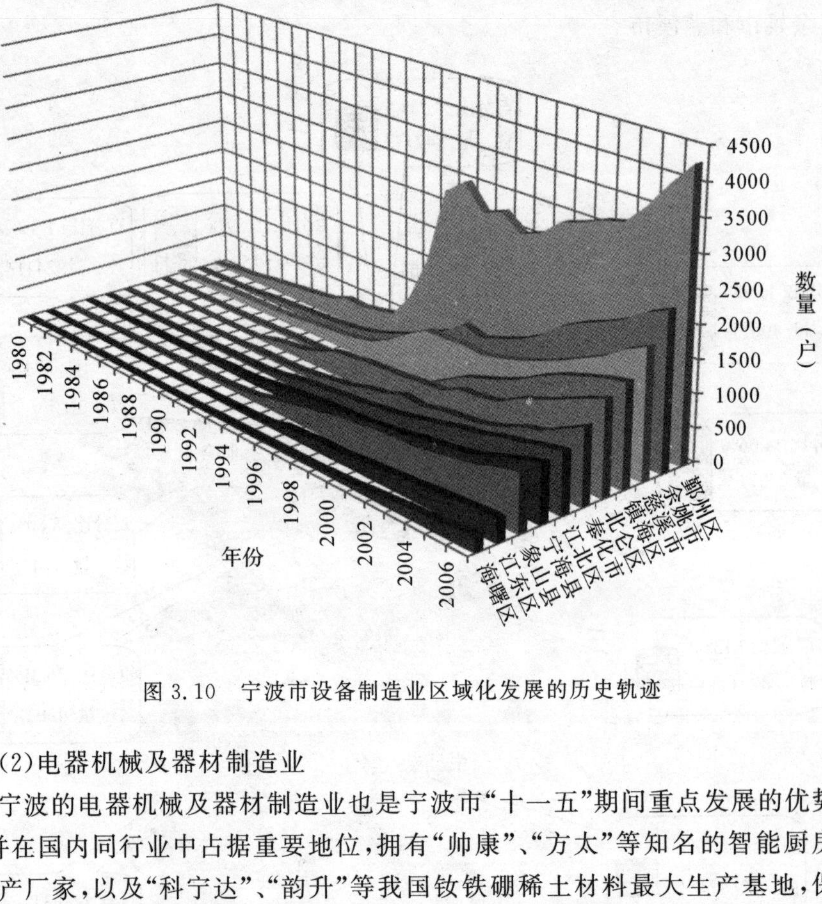

图 3.10 宁波市设备制造业区域化发展的历史轨迹

(2)电器机械及器材制造业

宁波的电器机械及器材制造业也是宁波市"十一五"期间重点发展的优势领域,并在国内同行业中占据重要地位,拥有"帅康"、"方太"等知名的智能厨房设备生产厂家,以及"科宁达"、"韵升"等我国钕铁硼稀土材料最大生产基地,保税区也成为"国家集成电路产业基地"。从图 3.11 中的数据可知,截至 2007 年底,宁波共有 6735 户电气机械及器材制造业企业,主要分布在慈溪市(共有 2147 户,约占 31.88%)和余姚市(1803 户,约占 26.77%)。

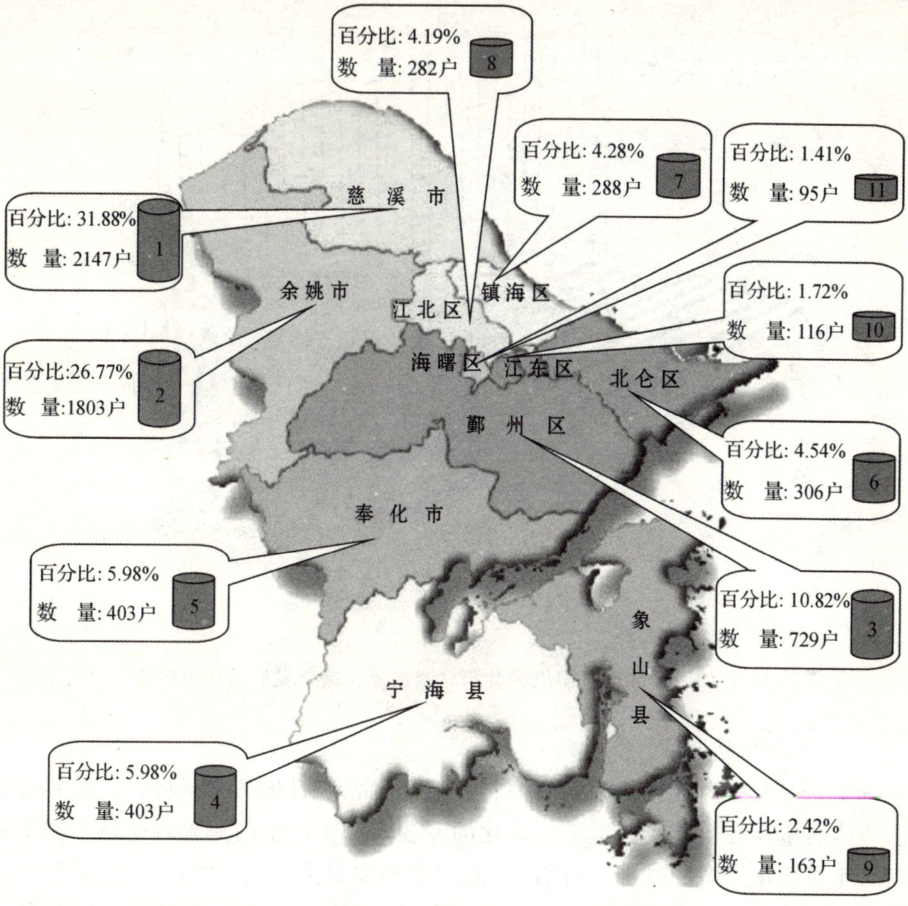

图 3.11　宁波电器机械及器材制造业分布地图

宁波的电器机械及器材制造业的区域化发展比设备制造业大约晚起步两年，由图 3.12 可见，慈溪市的电器机械及器材制造业首先在 1995 年开始发力，并带动余姚市和鄞州区的迅速发展，形成了当时的“三驾马车”的局势。但是，1999 年起，鄞州区的电器机械及器材制造业发展趋势有所放缓，并在数量上与慈溪市和余姚市有越来越大的差距。

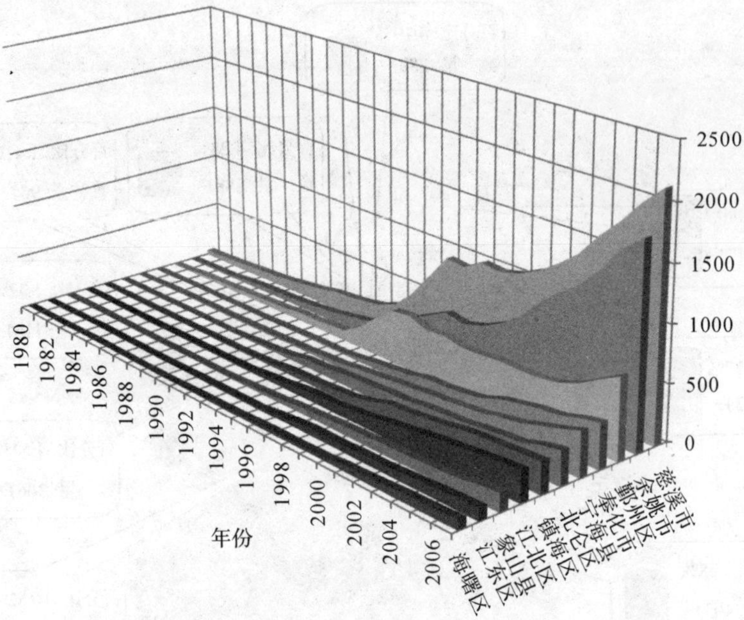

图 3.12　宁波市电器机械及器材制造业区域化发展的历史轨迹

(3)塑料制品业

宁波拥有国内最大的集塑料原料、塑料制品、塑料机械、塑料信息、塑料会展于一体的塑料专业市场。这个一体化的专业市场所产生的集聚效应是宁波塑料制品业规模化发展的基础。目前，宁波的塑料制品业共有 7291 户，主要集中在余姚市、慈溪市和鄞州区三个地区，其中余姚市有 1642 户，占整个宁波塑料制品业 22.52%；慈溪市 1655 户，占 22.70%；鄞州区 1454 户，占 19.94%。这三个区域塑料制品业的市场主体数量占整个宁波塑料制品业的 65.16%(见图 3.13)。

塑料制品业的区域化发展始于慈溪市与鄞州区，从 1995 年开始这两个市、区的塑料制品业数量迅速增加，余姚市则于 1996 年发力，1999 年超越鄞州，直逼慈溪(见图 3.14)。

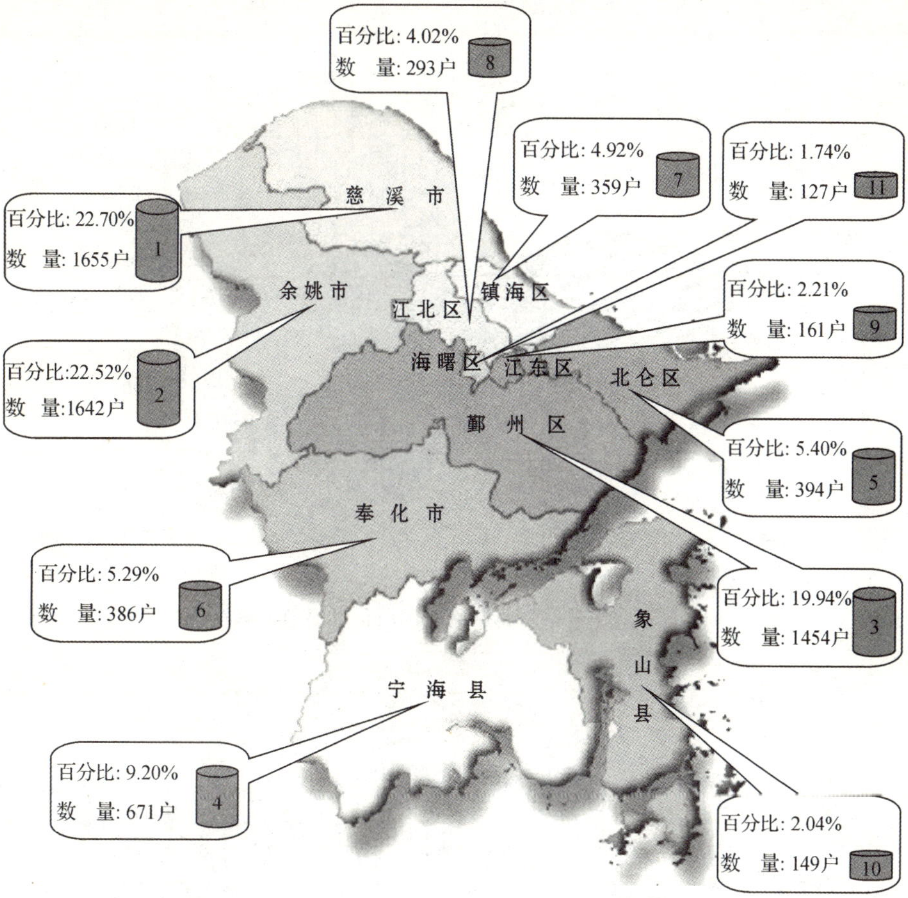

图 3.13　宁波塑料制品业分布地图

(4)服装生产业

宁波是"红帮裁缝"的发源地,有着悠久的服装业历史。改革开放以来,宁波的服装业发展迅速。图 3.15 是宁波服装生产业发展的历史轨迹,1993 年起,首先在鄞州,服装生产企业的数量逐步增加,同样具有悠久服装生产历史的奉化、慈溪也逐步焕发出新的生机。但是 2002 年以后,发展格局出现了差异化,表现在鄞州的发展突飞猛进,而奉化和慈溪的发展动力却在减少,离鄞州越来越远。

如今宁波已经拥有了雅戈尔、杉杉、罗蒙、洛兹、培罗成、太平鸟等主导品牌

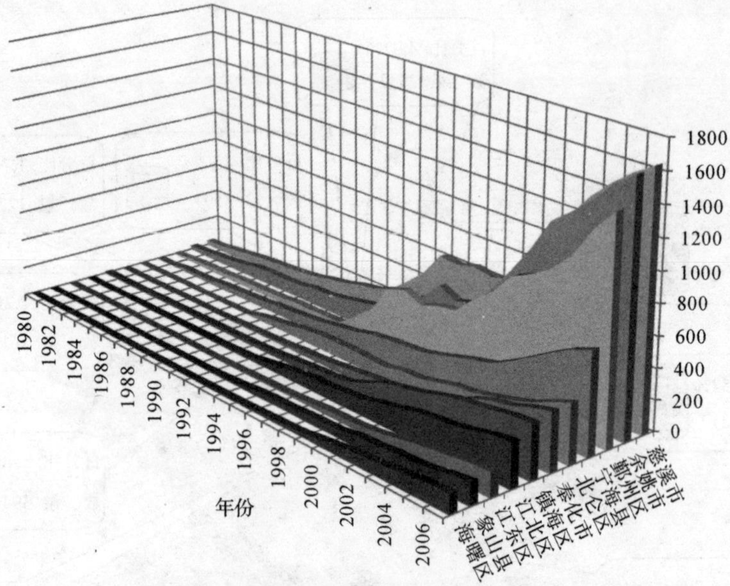

图 3.14　宁波市塑料制品业区域化发展的历史轨迹

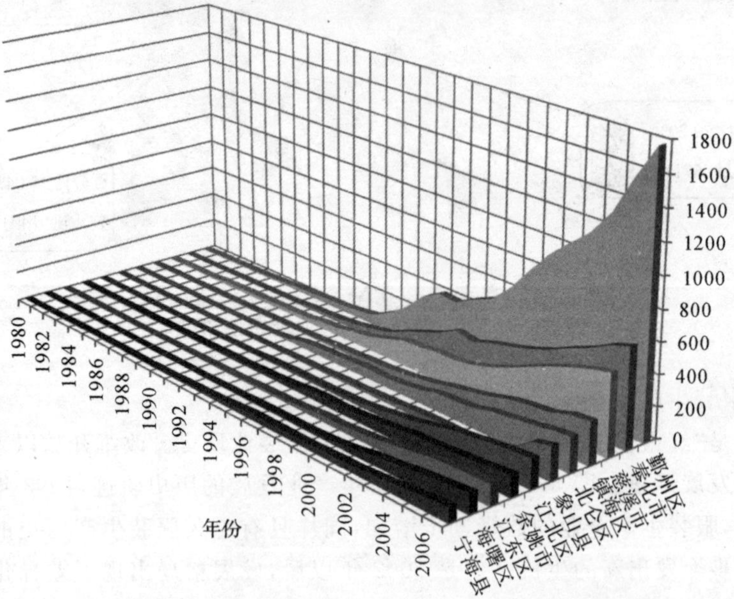

图 3.15　宁波市服装生产业区域化发展的历史轨迹

和知名企业。截至 2007 年底，宁波现存共有 4384 家纺织服装、鞋、帽制造企业，集中分布在鄞州区(1787 户，约占 40.76%)，奉化市也有 644 户，约占14.69%，慈溪市有 525 户，约占 11.98%(见图 3.16)。

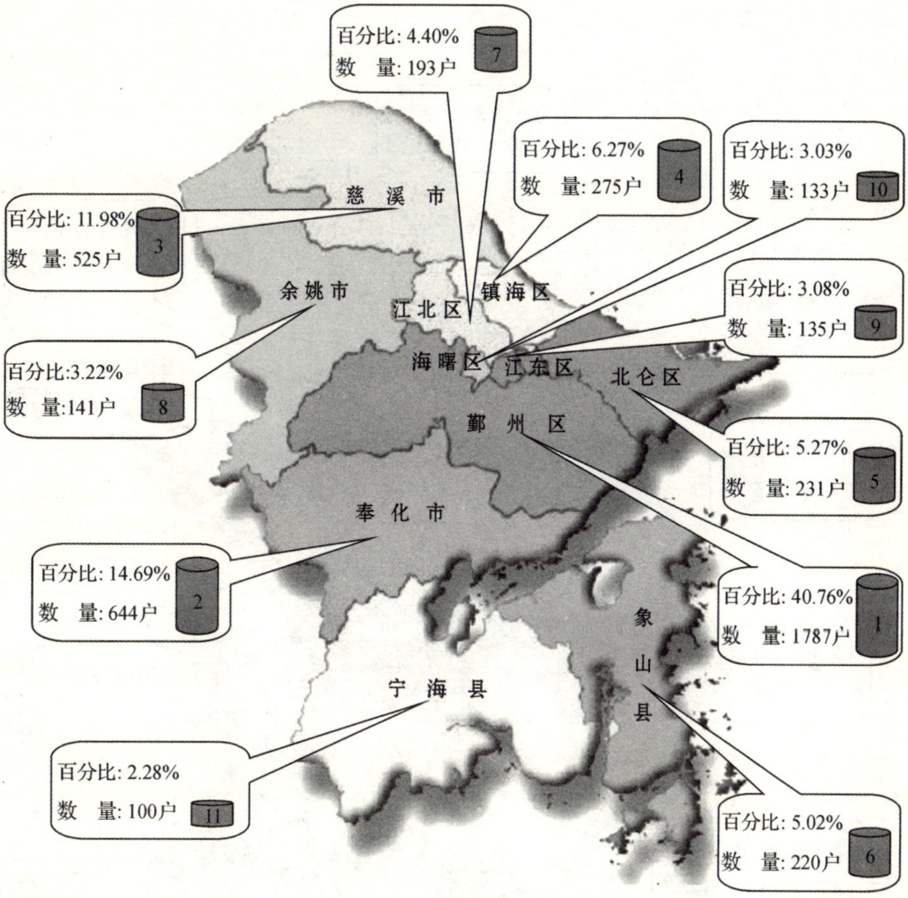

图 3.16　宁波服装生产业分布地图

(5)纺织业

纺织业是宁波的传统优势行业之一，它历史悠久、门类齐全，从产业链的角度分析，它覆盖了化纤原料，棉、毛纺织印染、针织，并延伸到家纺、服装生产。截至2007年底，宁波共有2819户纺织企业，这些企业在扩大出口创汇、增加社会就业、积累建设资金和为相关产业配套等方面发挥了重要作用，成为宁波经济发展的支柱产业之一。从地域分布上看（见图3.17），主要集中在象山县（970户，约占34.41%），鄞州区（565户，约占20.04%）和慈溪市（439户，约占15.57%）三个县/区。

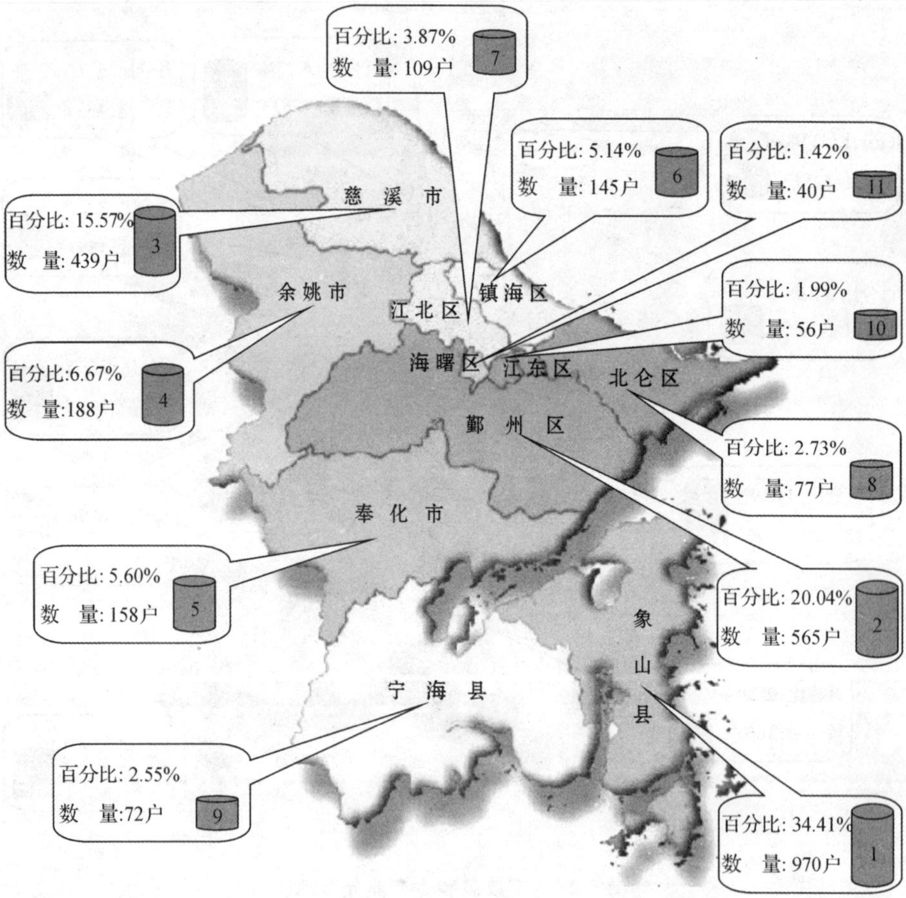

图3.17　宁波纺织业分布地图

纵观这三个区、市的纺织业的发展历程(见图 3.18),我们可以看到鄞州好像是一场“接力赛”的“第一棒”,它在 1993 年开始以企业数量第一起跑,慈溪紧随其后。到了 1998 年,象山县以迅猛的发展速度闯入了我们的视野,并于 2000 年超过了鄞州,开始了“接力赛”的“第二棒”领跑。

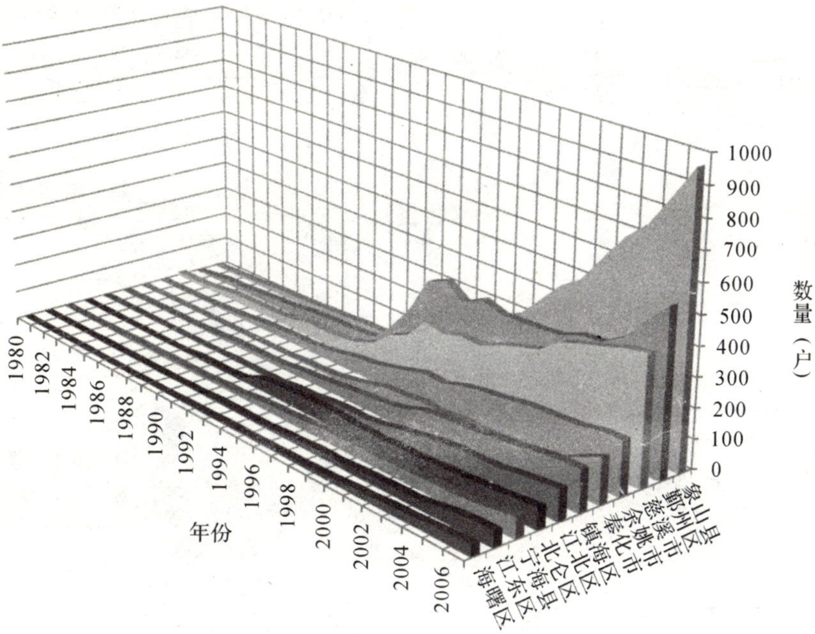

图 3.18 宁波市纺织业区域化发展的历史轨迹

(6)文教体育用品制造业

宁波的文教体育用品制造业是在外贸的带动下,以民营资本为投资主体,从原先为进出口公司服务的来料加工式的家庭作坊发展起来的,经过十余年的发展,已经成为国内知名度高、产品结构全、种类丰富的区域特色产业,并拥有“贝发”、“七色花”、“得力”、“爱文”、“彬彬”、“三 A”、“广博”、“杰丽斯”等国家、省、市级名牌或著名商标。从图 3.19 的数据看,宁波的文教体育用品制造业主要分布在宁海县(28.09%,355户)、慈溪市(17.72%,224户)、余姚(14.40%,182 户)和鄞州区(12.42%,157户)四个县区。

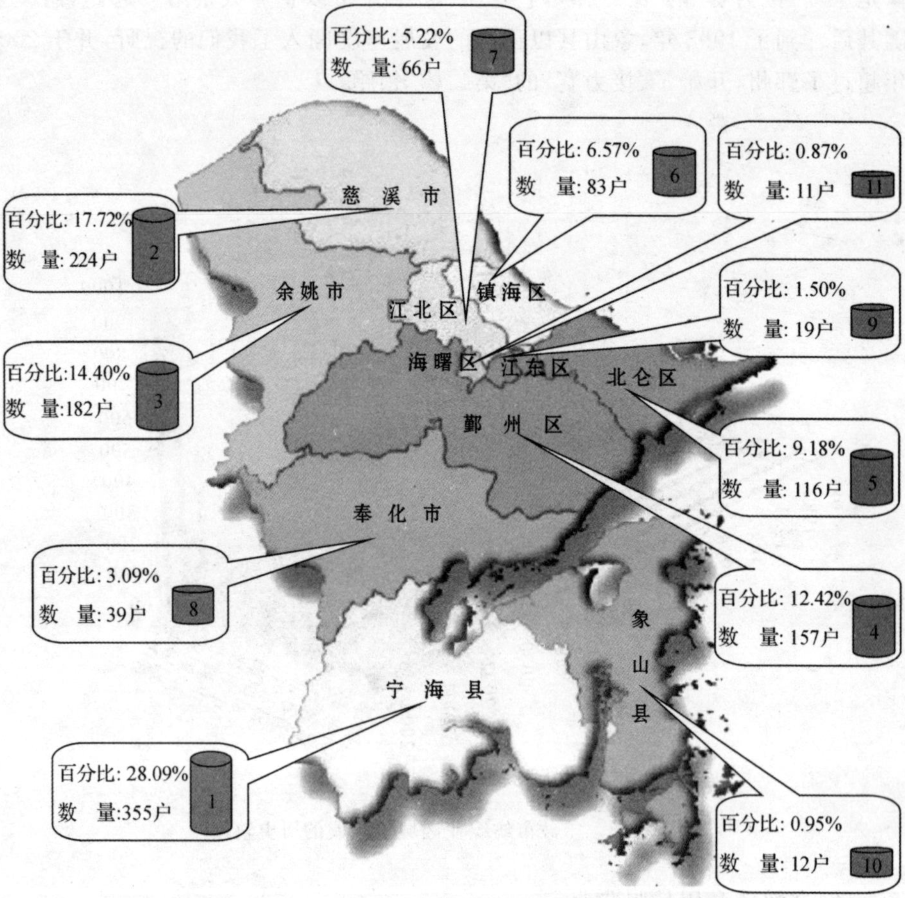

图 3.19 宁波文教体育用品制造业分布地图

其实,宁波的文教体育用品制造业的发展始于 1993 年的鄞州和慈溪,1994 年余姚也加入了这一发展队伍。但是总体而言,企业的规模有限、总量不大。2001 年之后,宁海县的文教体育用品制造业迅速崛起,并在 2003 年超越上述三个区、市,成为宁波文教体育用品制造业的中心(见图 3.20)。

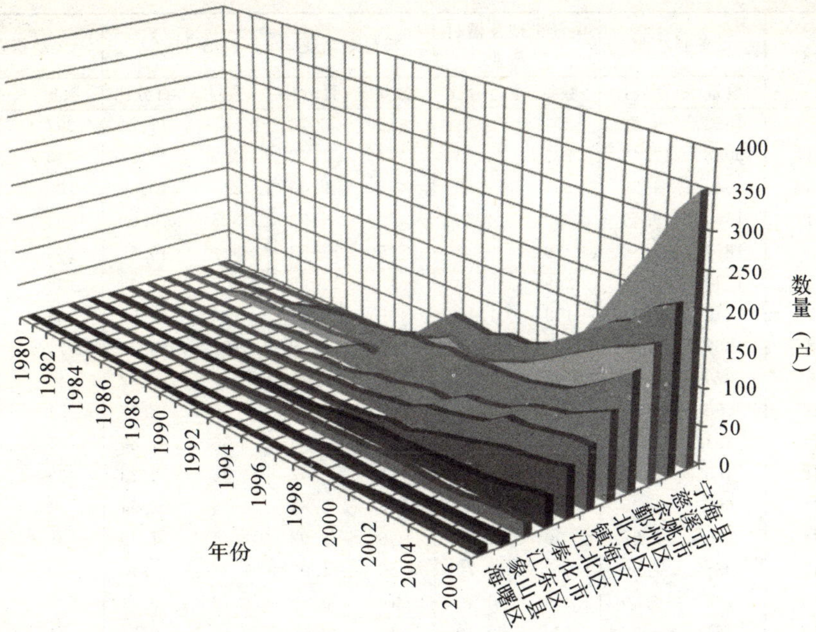

图 3.20 宁波市文教体育用品制造业区域化发展的历史轨迹

3.4.2 宁波特色经济与市场主体发展的关系分析

宁波特色经济可以追溯到 20 世纪五六十年代，并在 80 年代得到初步的发展。进入 90 年代开始逐渐壮大并形成规模。表 3.12 和图 3.21 是宁波各个行业特色经济主体的年龄分布。从中可以发现，16 年及以上的经济主体数量已经非常少了，大多是在 1998 年又开始迅速增加的。

从图 3.21 的分布曲线中，可以发现一些区域特色产业发展的阶段性特征：

(1)1992—1994 年的第一波段为爆发期，经济主体数量是从 1992 年开始逐步增加，1993 年 11 月的党的十四届三中全会为宁波的经济发展开创了空间，曲线在 1994 年出现一个峰值，之后略有回落。

(2)1998 年到 2001 年为较长的持续快速发展期。

(3)2001 年之后为相对平稳发展期。

表 3.12　宁波特色经济主体的年龄分布　　单位:户

年龄	设备制造业		电气机械及器材制造业		塑料制品业		服装业		纺织业	
	数量	百分比	数量	百分比	数量	百分比	数量	百分比	数量	百分比
1	1628	9.88	204	9.11	416	8.76	333	11.27	207	13.49
2	2048	12.42	283	12.63	557	11.72	422	14.28	225	14.66
3	1548	9.39	284	12.68	448	9.43	310	10.49	165	10.75
4	1564	9.49	229	10.22	472	9.93	325	10.99	164	10.68
5	1625	9.86	220	9.82	595	12.52	312	10.55	166	10.81
6	1537	9.32	209	9.33	611	12.86	309	10.45	134	8.73
7	1249	7.58	159	7.10	409	8.61	236	7.98	87	5.67
8	1068	6.48	127	5.67	322	6.78	187	6.33	71	4.63
9	679	4.12	95	4.24	160	3.37	115	3.89	49	3.19
10	555	3.37	99	4.42	115	2.42	82	2.77	51	3.32
11	391	2.37	50	2.23	102	2.15	56	1.89	27	1.76
12	465	2.82	87	3.88	115	2.42	66	2.23	32	2.08
13	667	4.05	67	2.99	135	2.84	75	2.54	54	3.52
14	490	2.97	50	2.23	96	2.02	44	1.49	39	2.54
15	328	1.99	17	0.76	52	1.09	34	1.15	29	1.89
16	132	0.80	9	0.40	19	0.40	12	0.41	6	0.39
17	61	0.37	9	0.40	17	0.36	11	0.37	1	0.07
18	58	0.35	8	0.36	11	0.23	5	0.17	4	0.26
19	97	0.59	4	0.18	18	0.38	6	0.20	2	0.13
20	39	0.24	4	0.18	6	0.13	3	0.10	4	0.26
21	30	0.18	4	0.18	3	0.06	2	0.07	2	0.13
22	21	0.13	3	0.13	5	0.11	2	0.07	1	0.07
23	33	0.20	1	0.04	13	0.27	2	0.07	2	0.13
24	36	0.22	6	0.27	8	0.17	3	0.10	4	0.26
25～29	92	0.56	9	0.4	36	0.76	4	0.13	9	0.59
30以上	42	0.25	3	0.13	10	0.21	0	0.00	0	0.00
合计	16486	100	2240	100	4751	100	2956	100	1535	100

另一方面,不同行业的特色经济发展时间也略有先后。图3.16中的曲线表明,纺织业和设备制造业是两个发展相对较早的行业,图中相应的曲线也提前一年向上跃起,而塑料业则在2001年出现一个飞速的发展。

宁波市块状特色经济的形成,能够实现资源的集中化和产业群集效应,同时也促进经济主体之间的竞争,这对于经济主体的质量和发展会有什么样的影响呢?块状特色产业经济区域的该产业经济主体数量明显大于区域外,但是在质量上会有何区别呢?

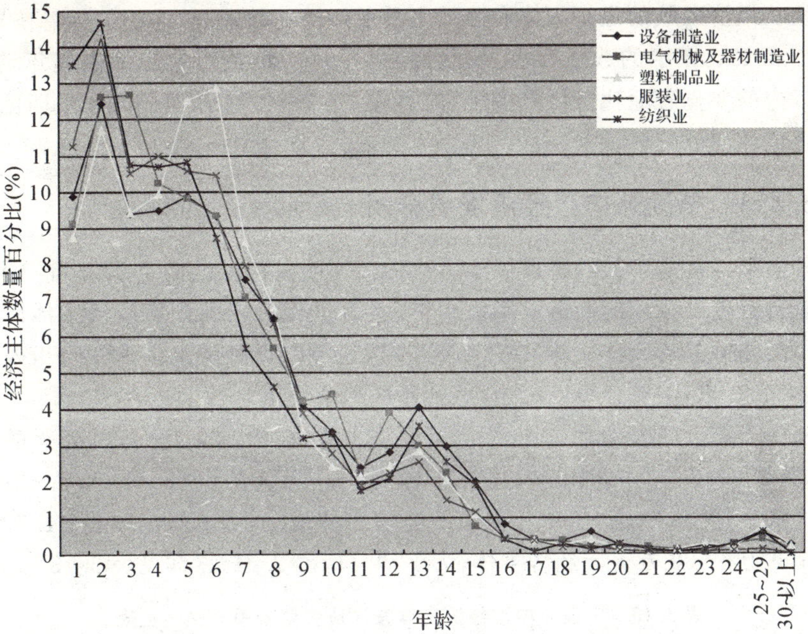

图 3.21　宁波市各个特色行业经济主体的年龄分布曲线

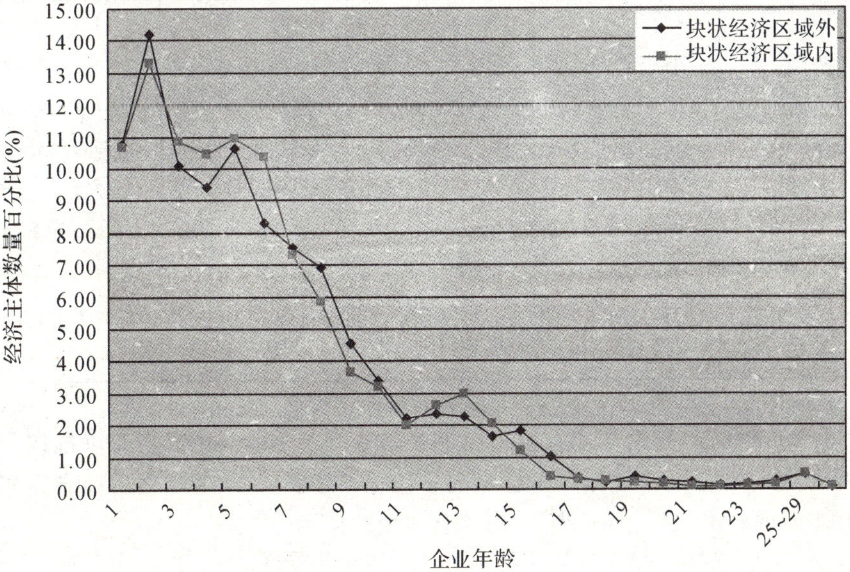

图 3.22　宁波块状特色经济区域内外的行业经济主体年龄分布曲线

处于块状经济区域的经济主体和区域之外的经济主体，比较它们的年龄差异，结果见图3.22。图中的数据揭示，块状经济区域中，特色行业经济主体年龄在6年及以内的要显著地比区域外的多，而且在1992—1994年第一波爆发期创业的企业也比区域外的多。

3.4.3 宁波外向型经济发展分析

外向型经济是宁波经济发展中形成的又一明显特征。截至2006年6月，宁波具有自营进出口权的制造业经济主体、具有进出口权的外贸经济主体以及从事外贸运输服务的经济主体共有15238户，其中内资经济主体9039户，外资经济主体6199户，主要分布在慈溪市、鄞州区和余姚市。

从注册资金规模来看，外向型内资经济主体中，以100万～500万元的企业最多，共计3148户，占34.8%；其次是10万～50万元的，为3041户，占33.6%。外资经济主体中，10万～50万美元的经济主体最多，为2588户，占41.7%；其次是100万～500万美元经济主体，为1429户，占23.1%(详见表3.13)。

表3.13 宁波外向型经济主体按注册资金规模分类一览表

注册资本(万元)	户数				注册资本(万元)			
	内资		外资		内资(人民币)		外资(美元)	
10以下	1166	12.9%	883	14.2%	177	0%	2448	0.2%
10～50	3041	33.6%	2588	41.7%	143967	3.7%	60471	3.9%
50～100	697	7.7%	663	10.7%	61130	1.6%	50711	3.3%
100～500	3148	34.8%	1429	23.1%	802790	20.5%	357982	23.1%
500～1000	494	5.5%	345	5.6%	384855	9.8%	256753	16.6%
1000～5000	370	4.1%	260	4.2%	825558	21.1%	464950	30%
5000～10000	87	1%	20	0.3%	610253	15.6%	153398	9.9%
10000以上	36	0.4%	11	0.2%	1089902	27.8%	203980	13.2%
合　计	9039	100%	6199	100%	3918632	100%	1550693	100%

从2002年起，随着国家行政审批制度改革不断深化，外贸企业审批权限下放，宁波的外向型经济主体数量也出现了快速的增长。2003年之后稳定在年增2000多家的较高水平上(见表3.13和图3.23)。

表 3.13 宁波市 2000—2005 年新增外向型经济主体一览表

年份	户数			
	内资(人民币)		外资(美元)	
2000	754	12.9%	447	9.9%
2001	623	10.6%	688	15.2%
2002	868	14.8%	708	15.6%
2003	1038	17.7%	1023	22.6%
2004	1166	19.9%	904	20.0%
2005	1406	24.0%	761	16.8%
合计	5855	100%	4531	100%

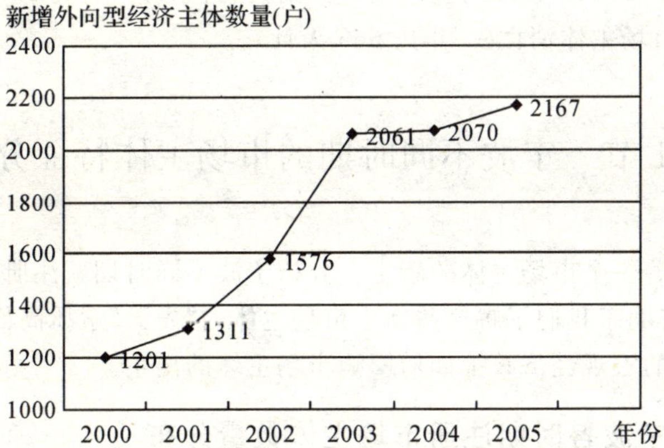

图 3.23 宁波新增外向型经济主体趋势

第4章　宁波市场主体的生命周期特征分析

尽管关于企业生命周期的研究在企业发展的阶段划分上存在着不同的理论观点，但是都认同企业的生命周期始于新生，终于衰亡。分析宁波现有的市场主体的年龄特征和注(吊)销情况，可以为我们从特定角度揭示企业的生命周期特征。

在过去的30年(1978—2007年)中，宁波共有247567家市场主体注册新生，同时又有约165598家市场主体注(吊)销，相当于每天有约23家市场主体注册新生，16家市场主体消亡(一年按365天计)。

第1节　宁波不同时期的市场主体特征分析

注册代表着一个市场主体的新生。分析宁波不同时期新注册的市场主体的特征，一方面有助于我们了解这些新生市场主体的“先天”素质高低；另一方面也能够揭示宁波的宏观经济政策如何影响市场主体的出生。

4.1.1　宁波各时期注册市场主体数量分布

根据我国的社会和经济发展情况，我们将新中国成立近60年以来，分为五个阶段：

第一阶段：新中国成立到改革开放之前(1949—1977年)。

这一阶段的特点是高度集中的计划经济体制。

第二阶段：改革开放初期和局部试验阶段(1978—1983年)。

这一阶段以党的十一届三中全会为标志，在全国农村开展家庭联产承包责任制和统分结合的双层经营体制；在企业开展扩大企业自主权试点，推行两步“利改税”，逐步推进“划分收支、分级包干”的财政体制改革。这一时期，不断减少的集体经济和几乎绝迹的个体经济逐步恢复和发展。

第三阶段:改革全面探索阶段(1984—1991 年)。

这一阶段始于 1984 年 10 月。党的十二届三中全会确立了社会主义经济是“公有制基础上的有计划的商品经济”;1987 年 10 月,中共十三大进一步明确了“社会主义有计划商品经济的体制,应该是计划和市场内在统一的体制”,从理论上确认了市场机制作用的中枢地位。同时在经济上推行了一系列改革开放政策,包括:进一步扩大企业自主权;自主经营、自负盈亏、富有活力和效率的企业体制;落实承包制、租赁制等措施;改革商业经营管理体制,发展非国营流通企业;减少管理层次,扩大地方自主权,对部分城市实行计划单列;开放沿海 14 个港口城市,在长江三角洲、珠江三角洲、闽东南地区、环渤海地区开辟经济开放区。

第四阶段:初步建立社会主义市场经济体制阶段(1992—1999 年)

标志性事件:

党的十四大确立社会主义市场经济体制的改革目标;

党的十四届三中全会提出了社会主义市场经济体制的基本框架;

党的十五大确立了公有制为主体、多种所有制经济共同发展的基本经济制度。

经济政策:

建立现代企业制度;

一批国有大中型企业被改造成国有独资公司、有限责任公司或股份有限公司;

所有制结构调整力度逐步加大,公有制经济的实现形式日趋多样化,国有控股的经济不断扩大,非公有制经济的发展势头更加强劲。

第五阶段:社会主义市场经济体制发展阶段(2000 年至今)

标志:党的十六大提出,21 世纪头 20 年改革的主要任务是完善社会主义市场经济体制。即在 2020 年建成完善的社会主义市场经济体制和更具活力、更加开放的经济体系。

经济政策:

全国彻底取消实行了长达 2600 年的农业税;

非公有制经济发展的体制环境进一步改善(放宽了非公有制经济的市场准入,允许非公有资本进入法律法规未禁入的行业和领域;清理和修订限制非公有制经济发展的法规、规章和政策性规定,加强了对私有产权的依法保护,为非公有制经济发展提供制度保障);

政府投资的范围进一步缩小，企业投资自主权逐步扩大，投资审批制度不断规范；

商品市场的种类和数量逐年增加，土地、劳动力、技术、产权、资本等要素市场进一步发展，水、电、石油和天然气等重要资源价格的市场化步伐加快。

分别对上述五个阶段注册的市场主体进行统计，结果见表4.1。

表4.1 宁波各个时期注册的市场主体数量分布

注册年代	数量（户）	百分比
1949—1977	849	0.34
1978—1983	5607	2.26
1984—1991	19961	8.03
1992—1999	87011	35.03
2000—2007	134977	54.34

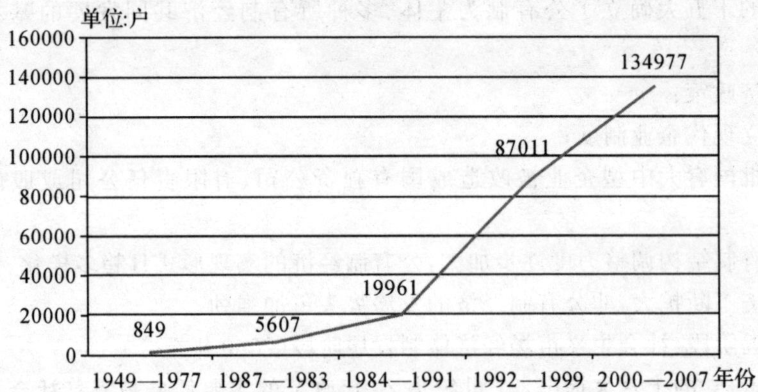

图4.1 宁波各时期注册市场主体的数量分布折线图

由表4.1的数据可见，宁波在1992年之后，市场主体的数量出现了直线上升的趋势。

4.1.2 宁波各时期注册市场主体的注册资金分析

宁波各时期的市场主体在注册资金方面表现出一定的阶段性特征。表4.2是宁波各时期注册市场主体的注册资金统计，其中的数据显示，1991年之前的企业，其注册资金随着生存年龄增加而增加。在1991年之前，市场主体的注册资金也从改革开放前的平均356.55万元递减到平均102.41万元。但是，1992年之后的情况则完全不同，越是新近注册的市场主体，其注册资金越高，特别是1992年到1999年间注册的市场主体，其注册资金平均值是1984年到1991年间注册市场主体的225%。2000年之后注册的市场主体，注册资金又在此基础上有所提升。

表 4.2 宁波各时期注册市场主体的注册资金统计

注册年代	均值	数量(户)	标准差
1949—1977	356.55	672	1727.048
1978—1983	213.71	3110	1841.356
1984—1991	102.41	12624	1150.862
1992—1999	231.23	78983	3899.236
2000—2007	255.58	116886	5037.58

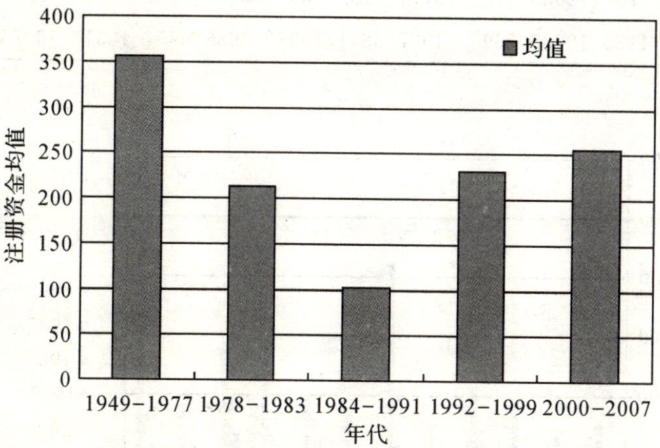

图 4.2 宁波各时期注册市场主体的注册资金直方图

上述的趋势说明了两个问题。在1949到1991年期间，年龄越长的企业，注册资金越大，说明对于传统的市场主体，注册资金在某种程度上体现了它的生命力，注册资金规模大，或在成长发展过程中通过增资扩大规模的市场主体，生存力就长一些。但是1992年之后，这个趋势发生了变化，一方面，市场主体的注册资金比以往有了较大幅度的上升。另一方面，注册资金规模与企业的年龄相关减少了。

4.1.3 宁波各时期注册市场主体的区域分布

不同时代的市场主体是否具有区域性特征呢？为此，分别统计了宁波下属的各个区、县(市)不同时代的市场主体分布情况，结果见表4.3和图4.3。图表中的数据揭示了宁波的市场主体主要分布在鄞州区、余姚市、慈溪市，并且以2000年以后注册成立的企业为主。

表4.3 宁波各时期注册市场主体的区域分布

注册年代	海曙区	江东区	江北区	北仑区	镇海区	鄞州区	象山县	宁海县	余姚市	慈溪市	奉化市	老城区
1949—1977	11	12	35	60	31	2	11	29	278	3	2	375
1978—1983	41	16	54	575	129	134	79	1183	432	1905	136	923
1984—1991	240	170	552	2326	249	1241	447	3358	1739	4874	683	3968
1992—1999	2781	2035	4738	5774	3152	16075	3463	4667	9148	8919	4053	17277
2000—2007	11226	10330	7695	11997	6641	19939	6686	6451	16310	16075	7043	12829

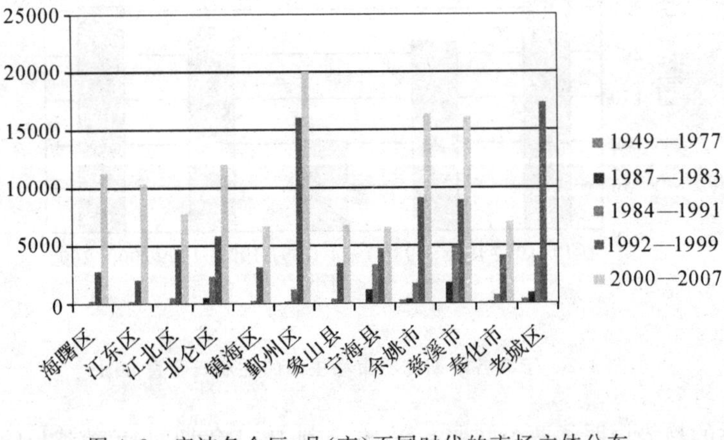

图4.3 宁波各个区、县(市)不同时代的市场主体分布

第2节 宁波市场主体的年龄分析

宁波现有市场主体的年龄分布情况如何？它们与企业类型、所属行业有何关系？我们希望通过回答这些问题来展示宁波的市场主体特征。

4.2.1 宁波市场主体的年龄分布统计

根据2007年7月宁波129531户市场主体的注册数据统计，它们的年龄分布如表4.4和图4.4所示。

表4.4 2007年宁波市场主体年龄分布

年龄(年)	数量(户)	百分比	年龄(年)	数量(户)	百分比
1年以内	14833	11.45%	11	2671	2.06%
2	19667	15.19%	12	2897	2.23%
3	14517	11.21%	13	3027	2.33%
4	13216	10.20%	14	2557	1.97%
5	13596	10.49%	15	2173	1.67%
6	11326	8.74%	16～19	2396	1.82%
7	8305	6.41%	20～24	1192	1.22%
8	7139	5.51%	25～29	700	1.07%
9	5107	3.94%	30及以上	237	0.18%
10	3938	3.04%			

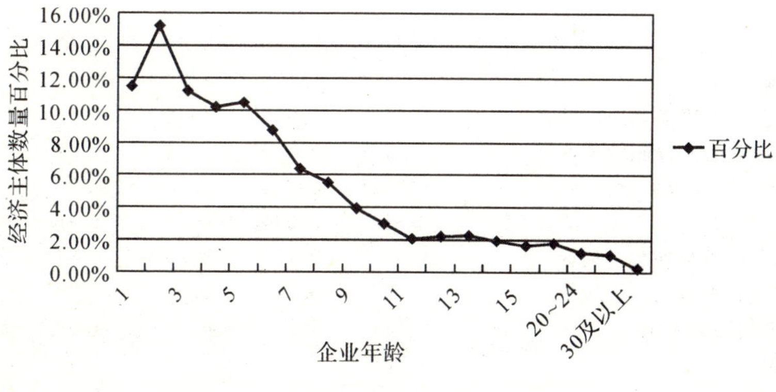

图4.4 2007年宁波市场主体年龄分布

由图 4.4 的结果可知：

1)宁波市场主体注册时间为 2 年的数量最多，占总数的 15.19%；

2)约 60%的市场主体是在 5 年以内注册的，说明宁波的经济活动主要是由年轻的市场主体开展的；

3)注册时间 6 年以上的市场主体数量随着年龄的增加逐步下降。

4.2.2 宁波不同行业市场主体的平均年龄分析

由于行业特征与企业产品特征和市场情况密切相关，结合行业相关的政策情况，我们可以把行业看作是影响市场主体生命特征的因素之一。表 4.5 统计了宁波不同行业市场主体的平均年龄和年龄众数。我们可以发现，除了采矿业外，其他行业主要是由年龄为两年和三年的市场主体构成。

表 4.5 宁波不同行业市场主体的平均年龄和年龄众数

行业	数量(户)	百分比	平均年龄(年)	年龄标准差	年龄众数(年)
农、林、牧、渔业	1683	1.30%	4.83	4.24	2
采矿业	247	0.19%	11.29	7.41	5
制造业	61781	47.86%	6.42	4.91	2
电力、燃气及水的生产和供应力	439	0.34%	9.72	6.96	3
建筑业	4473	3.47%	5.29	4.88	3
交通运输、仓储和邮政业	4132	3.20%	5.29	4.29	2
信息传输、计算机服务和软件业	2589	2.01%	3.84	2.30	2
批发和零售业	33202	25.72%	5.17	4.35	2
住宿和餐饮业	1622	1.26%	6.00	4.99	2
金融业	2231	1.73%	9.64	5.99	3
房地产业	2162	1.67%	5.53	4.38	2
租赁和商务服务业	7896	6.12%	4.36	3.38	2
科学研究、技术服务和地质勘查业	1409	1.09%	4.82	4.40	2
水利、环境和公共设施管理业	422	0.33%	5.14	3.59	3
居民服务和其他服务业	2911	2.26%	5.13	4.00	2
教育	103	0.08%	4.43	2.91	3
卫生、社会保障和社会福利业	190	0.15%	3.99	2.28	3
文化、体育和娱乐业	564	0.44%	6.61	5.20	3
公共管理和社会组织	149	0.12%	6.55	4.59	3
国际组织	885	0.69%	7.07	4.30	3
合计	129090	100.00%	5.83	4.71	

年龄短固然说明这些市场主体年轻，说明宁波近年来的经济活跃状况，但对于一个企业而言，年轻并不表示实力，企业的发展需要建立在一定时期的实力积累基础上。

4.2.3 宁波市场主体的注册资金与年龄的相关性分析

企业的生存与发展在一定程度上取决于它的实力，实力强的企业寿命长一些，实力弱的企业寿命短一些。人们通常将一个企业的注册资金大小看作为其实力强弱的指标。

表 4.6 是宁波市场主体的注册资金情况统计。显然，从数量上看，注册资金在 50 万元以下的市场主体是宁波的主导。

表 4.6 宁波市场主体的注册资金情况统计

注册资金(万元)	数量(户)	百分比
0～10	32823	27.4
10～30	22695	18.9
30～50	29629	24.7
50～100	8180	6.8
10～500	18990	15.8
500～1000	3616	3.0
1000～3000	2406	2.0
3000 以上	1606	1.3
合 计	119945	100.0

为了分析市场主体寿命与注册资金的关系，我们计算了两者的相关系数：$r=0.017$ ($n=119945$, $p=0.000$)。可见，注册资金与企业寿命之间呈现出一定的正相关关系，即不考虑其他因素，注册资金越大的市场主体，其寿命也略微长些。

表 4.7 是宁波不同年龄的市场主体注册资金分布情况。显然，注册资金与平均年龄之间的相关关系是很有限的，市场主体的平均寿命仅随注册资金的大幅加大表现出少量的增加。

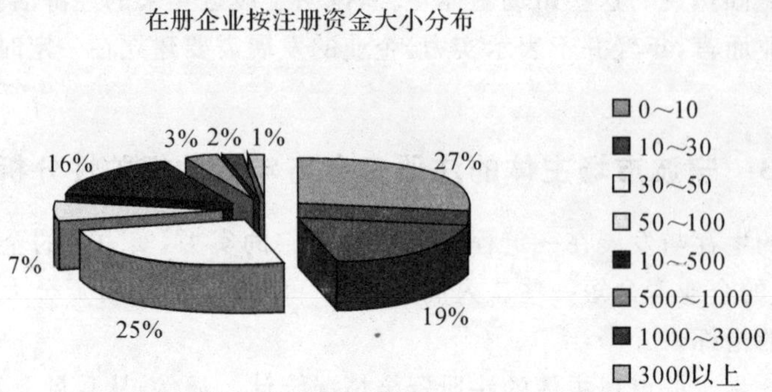

图 4.5　宁波市场主体的注册资金情况统计

表 4.7　宁波市场主体的注册资金与平均年龄的关系

注册资金(万元)	平均年龄	数量(户)	标准差
0～10	4.9	32819.0	4.5
10～30	5.9	22695.0	4.5
30～50	5.7	29622.0	4.1
50～100	7.9	8180.0	5.6
10～500	6.4	18986.0	5.3
500～1000	6.8	3615.0	5.7
1000～3000	7.5	2404.0	6.0
3000 以上	7.8	1606.0	5.9
合　计	5.9	119927.0	4.8

注册资金与企业年龄之间相关关系较小或许与行业有关，即对于某些行业，市场主体的注册资金与其实力有较高的相关关系；对于另一些行业，两者之间或许不存在相关关系。为此，分别对各个行业的市场主体统计了它们的注册资金与企业年龄的相关系数，结果见表 4.8。显然，对于“农、林、牧、渔业”、“制造业”、“建筑业”、“交通运输、仓储和邮政业”、“信息传输、计算机服务和软件业”、“批发和零售业”、“住宿和餐饮业”、“租赁和商务服务业”、“居民服务和其他服务业”、“卫生、社会保障和社会福利业”和“国际组织”，它们的注册资金与年龄之间相关显著。其他行业的市场主体，注册资金的变化与其年龄没有显著的相关性。

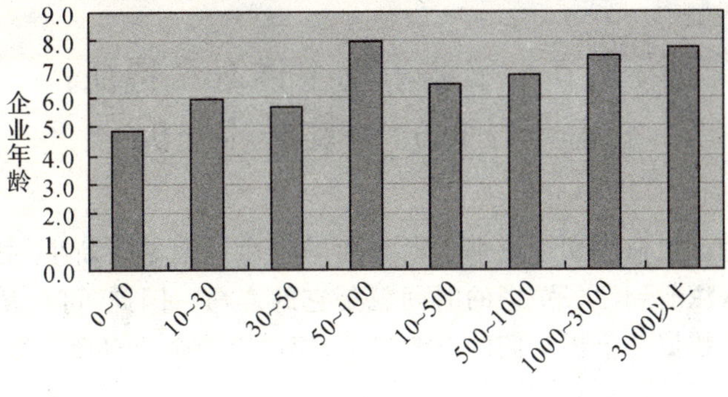

图 4.6　宁波市场主体的注册资金与平均年龄的关系

表 4.8　不同行业市场主体的注册资金与其年龄的相关分析

行业	相关系数	显著性 p	样本 N
农、林、牧、渔业	0.144	0.000	1663
采矿业	−0.050	0.433	247
制造业	0.025	0.000	60875
电力、燃气及水的生产和供应力	−0.084	0.093	404
建筑业	0.059	0.000	3882
交通运输、仓储和邮政业	0.051	0.003	3316
信息传输、计算机服务和软件业	0.051	0.015	2267
批发和零售业	0.088	0.000	30135
住宿和餐饮业	0.117	0.000	1492
金融业	−0.024	0.302	1829
房地产业	0.038	0.092	1939
租赁和商务服务业	0.040	0.002	6345
科学研究、技术服务和地质勘查业	−0.009	0.759	1296
水利、环境和公共设施管理业	0.060	0.247	378
居民服务和其他服务业	0.066	0.001	2649
教育	0.198	0.072	84
卫生、社会保障和社会福利业	0.157	0.036	179
文化、体育和娱乐业	0.006	0.882	539
公共管理和社会组织	−0.056	0.588	95
国际组织	0.204	0.021	127

第3节 宁波市场主体寿命特征：基于注(吊)销数据的分析

所有的企业生命周期理论都认同企业的生命周期始于新生，终于衰亡。一个市场主体从注册到注(吊)销的时间就是它的寿命。因此，可以从宁波市场主体的注(吊)销数据来分析它们的寿命特征，探讨影响企业寿命的影响因素。

4.3.1 宁波市场主体寿命的总体特征分析

截至2007年7月，宁波共注(吊)销各类市场主体174092户。其中内资市场主体占96.84%，为168318户，台港澳投资企业和外商投资企业各占1.63%和1.53%，分别为2835户和2652户(见表4.9)。

表4.9 宁波注(吊)销市场主体构成情况

	数量(户)	百分比
内资企业	168318	96.84%
外商投资企业	2652	1.53%
台港澳投资企业	2835	1.63%
合 计	173805	100%

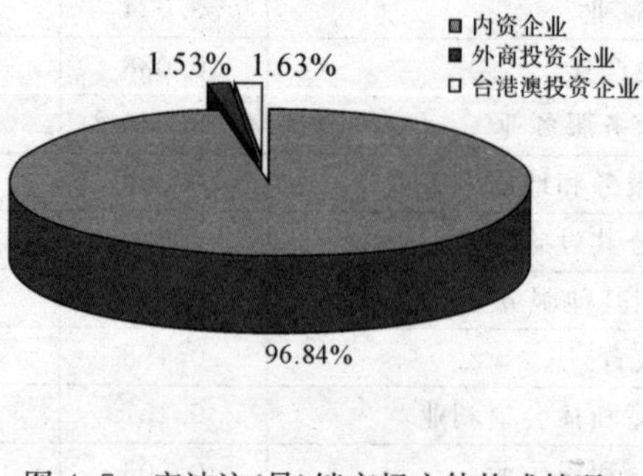

图4.7 宁波注(吊)销市场主体构成情况

基于有效数据，对这些注(吊)销市场主体的寿命特征统计结果如表4.10和

图 4.8 所示。

表 4.10　宁波市场主体的寿命统计

寿命	数量（户）	百分比	寿命	数量（户）	百分比	寿命	数量（户）	百分比
当年	3454	3.096	12	2019	1.810	23	207	0.186
次年	15995	14.336	13	1620	1.452	24	214	0.192
3	18156	16.273	14	1341	1.202	25	79	0.071
4	13807	12.375	15	943	0.845	26	75	0.067
5	12111	10.855	16	727	0.652	27	43	0.039
6	9668	8.665	17	840	0.753	28	31	0.028
7	7947	7.123	18	762	0.683	29	66	0.059
8	6601	5.916	19	329	0.295	30	29	0.026
9	6183	5.542	20	273	0.245	31～40 年	115	0.103
10	4129	3.701	21	470	0.421	41～50 年	177	0.159
11	2853	2.557	22	276	0.247	50 年以上	31	0.028

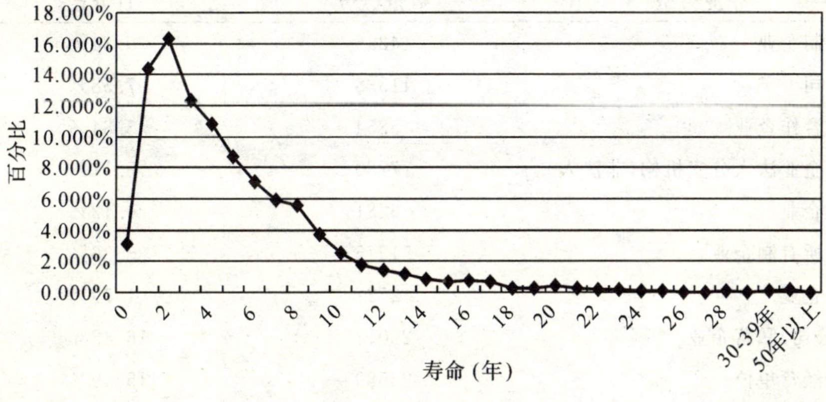

图 4.8　宁波市场主体的寿命统计

根据表 4.10 和图 4.8 的结果，可以发现：

1）表 4.10 中，宁波注（吊）销的市场主体中有超过一半（56.94%）的市场主体是在注册后的5年以内注(吊)销的。换句话说,这些企业的寿命只有不到5年时间。

2)图4.8中的注(吊)销企业曲线从出生当年就开始直线上升,当年就有3.096%的市场主体“夭折”,次年有14.336%的市场主体走到了生命的终点,曲线的峰值时间出现在第3年,有16.273%的企业在注册后的第三年就走到了生命的终点;随后,注(吊)销市场主体曲线开始快速下降。

这个现象说明,一个市场主体在其生命的最初3年是非常弱小的,在这期间能否生存下来,是宁波市场主体发展的一个关键问题。企业一旦渡过了生命的最初3年,它在激烈的市场竞争中被淘汰的概率就快速下降。

4.3.2 市场主体的寿命与其企业类型的关系分析

企业的健康成长和发展受到许多因素的影响,这些因素可以分为企业自身的特点和环境的特征两大类。其中,企业类型反映了市场主体的内部运行方式,是影响其发展和成长的重要自身特征之一。

表4.11和图4.9是按企业类型分别统计的注(吊)销市场主体数量。

表4.11 宁波不同企业类型的注(吊)销市场主体数量

企业类型	数量(户)	百分比
股份制企业	14226	9.34%
分公司	11538	7.58%
股份合作企业	5854	3.84%
内资企业法人分支机构(非法人)	7780	5.11%
国有企业	6281	4.12%
集体所有制企业	51575	33.86%
联营企业	2727	1.79%
(非公司)私营企业	25017	16.42%
内资经营单位	23589	15.49%
其他	3764	2.47%

由表4.11的数据可见:

在宁波所有注(吊)销的市场主体中,集体所有制企业占据了33.86%,有51575户;其次是(非公司)私营企业和内资经营企业,分别有25017户和23589

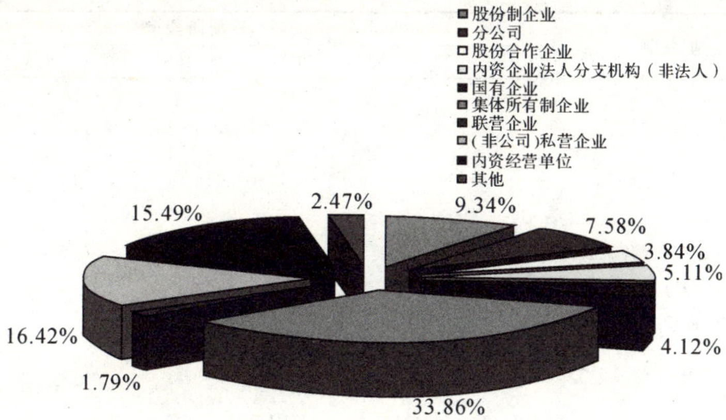

图 4.9　宁波不同企业类型的注(吊)销市场主体数量

户，占 16.42％和 15.49％。

考虑到注(吊)销市场主体百分比受到该类企业数量基数大小的影响很大，故在分析企业类型对市场主体的寿命的影响时，有必要将现有各企业类型的市场主体作为参照基数(见表 4.9)。差别最大的是股份制企业。宁波现有股份制企业数量占企业总数的百分比为 46.66％，而注(吊)销的股份制企业数量占注(吊)销总数的百分比仅为 9.34％。说明股份制企业对于市场主体的生存和健康发展有显著的促进作用。其次是(非公司)私营企业。

企业治理结构和体制建设的目的就是促进企业的健康发展。宁波自 1992 年以来，市场主体的数量发展主要表现在“有限责任公司”、“内资分公司”和“非公司私营企业”，“国有企业”和“集体企业”的数量在 20 世纪 90 年代大增长之后，2000 年开始迅速减少(见表 4.12)。

表 4.12　宁波各时期注册的市场主体按企业类型分布

企业类型	注册阶段				
	1949—1977	1978—1983	1984—1991	1992—1999	2000—2007
有限责任公司	66	212	435	25832	61309
股份有限公司	7	5	17	143	73
内资分公司	81	559	1535	5222	18793
国有企业	136	544	1562	3063	178
集体企业	284	1503	5886	13886	822

续表

企业类型	注册阶段				
	1949—1977	1978—1983	1984—1991	1992—1999	2000—2007
股份制	3	3	40	218	3
股份合作制	51	156	468	4406	1589
联营企业	4	10	441	739	15
合作社	0	0	0	1	462
内资企业法人分支机构(非法人)	58	591	2168	3708	2117
经营单位(非法人)	137	1761	4863	6105	633
非公司私营企业	15	195	1819	17670	39004
股份制企业(非法人)	3	2	43	429	268
其他	0	2	466	5318	9686

上述市场主体发展的结果，形成了一批平均年龄适当、经受过市场竞争锤炼的、与现代化企业体制要求一致的市场主体。从表4.13中的数据可以看到，宁波目前的“股份制企业”、“分公司”和“非公司私营企业”平均年龄在5～6年。而这三类注(吊)销市场主体的寿命统计表明，它们的平均寿命为3～4年，这正是企业发展过程中的关键期。宁波现有的这三类市场主体已经渡过了这个时期，迎来了进一步发展的阶段。

然而，国有企业和集体所有制企业的情况与此不同，它们的年龄普遍较长，平均为14年；注(吊)销的企业寿命也是最长的，为8年左右。

表4.13　宁波企业类型与市场主体寿命的关系

企业的类型	注(吊)销市场主体		现存企业市场主体	
	平均寿命(年)	标准差	平均年龄(年)	标准差
股份制企业	4.0	18.9	5.1	4.1
分公司	2.9	3.0	4.7	4.1
股份合作企业	5.6	16.9	12.3	6.5
内资企业法人分支机构(非法人)	6.6	13.6	8.7	5.4
国有企业	7.8	19.6	14.1	7.5
集体所有制企业	8.3	28.6	14.0	7.1
联营企业	6.9	4.7	13.8	4.0
(非公司)私营企业	3.6	12.1	6.0	4.2
内资经营单位	8.5	53.1	11.9	5.7

4.3.3 市场主体寿命与其行业的关系分析

市场主体的生命周期特征受到它的产品类型、服务项目的特征以及市场竞争情况的影响。行业类型在一定程度上可以看作为是一个市场主体的产品特征和市场竞争程度的指标。因此，通过对不同行业的注（吊）销市场主体数量进行统计，可以在一定程度上揭示产品性质和市场特征对于企业生命周期的影响。

表 4.14 宁波不同企业类型的注(吊)销市场主体数量及寿命

行 业	数量(户)	百分比	最大值(年)	平均寿命(年)	标准差
农、林、牧、渔业	757	0.74%	29	4.06	3.759
采矿业	597	0.58%	40	6.88	5.487
制造业	33836	33.13%	56	4.85	4.391
电力、燃气及水的生产和供应业	172	0.17%	35	6.77	5.003
建筑业	2205	2.16%	39	4.24	4.042
交通运输、仓储和邮政业	1883	1.84%	50	4.78	4.864
信息传输、计算机服务和软件业	821	0.80%	14	2.91	2.353
批发和零售业	33022	32.33%	55	4.581	4.431
住宿和餐饮业	1695	1.66%	49	5.62	5.224
金融业	843	0.83%	50	7.23	4.762
房地产业	1211	1.19%	21	3.47	3.197
租赁和商务服务业	3048	2.98%	26	3.54	3.052
科学研究、技术服务和地质勘查业	616	0.60%	21	5.27	3.989
水利、环境和公共设施管理业	219	0.21%	25	3.67	3.187
居民服务和其他服务业	2040	2.00%	47	3.69	3.609
教育	33	0.03%	21	4.27	3.867
卫生、社会保障和社会福利业	98	0.10%	13	3.1	2.779
文化、体育和娱乐业	967	0.95%	50	5.71	4.496
公共管理和社会组织	16011	15.68%	46	4.36	3.345
国际组织	2051	2.01%	24	2.56	2.089

表 4.14 是按行业类型分别统计的注（吊）销市场主体数量及寿命。

（1）分析注（吊）销市场主体的数量发现，“制造业”、“批发和零售业”是注（吊）销数量最多的市场主体，分别占注（吊）销市场主体总数的 33.13%和 32.33%。其次是公共管理和社会组织，其注（吊）销数量百分比为 15.68%。

如果以现有市场主体的数量为参照，可以发现，注（吊）销的批发和零售业市场主体数量百分比，显著高于现有市场主体的数量百分比(25.72%，$p<0.05$)。说明该行业类型的市场主体的淘汰率很高。但是考虑到该行业的最大寿命较高(55年)，平均寿命较长(5.62年)，标准差很大(5.224)，可以认为该行业市场主体的寿命特征表现为明显的极端化现象，即这些市场主体中一定数量的企业的寿命偏短，但也有一些寿命相对较长的"老店"。

"制造业"的情况与"批发和零售业"有所不同，它的注(吊)销市场主体数量百分比，显著低于现有市场主体的数量百分比(47.86%，$p<0.05$)，说明该行业类型的市场主体的留存率较高，体现在它的最大寿命是所有行业中最高的，为56年；平均寿命较长，为4.85年。

"公共管理和社会组织"的情况与批发和零售业有些类似，它的注(吊)销市场主体数量百分比，也是显著高于现有市场主体的数量百分比(0.12%，$p<0.05$)，也是一个淘汰率很高的行业类型。

图4.10是这三个行业市场主体的寿命分布情况。注(吊)销的"制造业"和"批发和零售业"的市场主体主要发生在注册后的前3年，此后，注(吊)销市场主体的数量急剧下降。

"公共管理和社会组织"的情况似乎要好一些，它的寿命分布曲线明显要比前两种行业平坦。

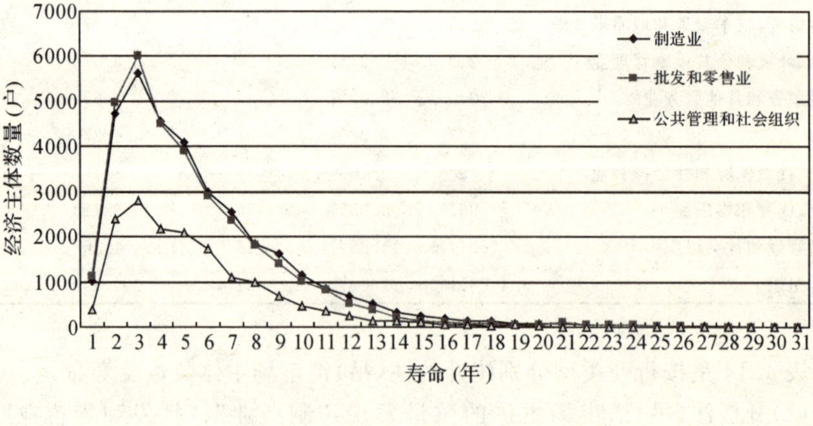

图4.10

(2)"金融业"、"采矿业"和"电力、燃气及水的生产和供应业"是三个具有一定国家战略意义的行业，目前在我国存在着一定程度的国家垄断现象。从注(吊)销数据分析它们的市场主体平均寿命，发现它们的平均寿命是最长，分别为7.23年、6.88年和6.77年。

从注(吊)销曲线的走势看，这三个行业的市场主体的寿命也与其他行业有较大差别，曲线分布显得相当平缓。

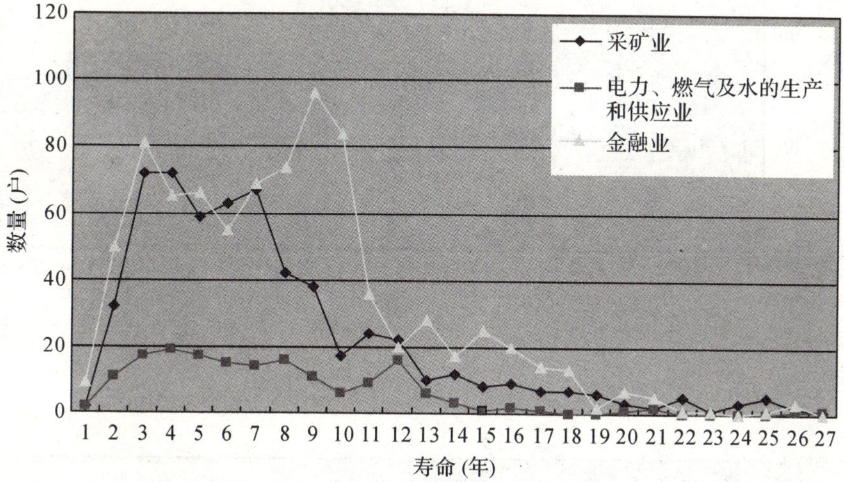

图 4.11

(3)“信息传输、计算机服务和软件业”和“国际组织”是两个平均寿命最短的行业，分别为2.91年和2.56年。尤其是“信息传输、计算机服务和软件业”，其最大寿命仅为14年，是一个年轻但是竞争非常激烈的行业。

“信息传输、计算机服务和软件业”、“房地产业”、“租赁和商务服务业”、“居民服务和其他服务业”和“国际组织”五种行业的市场主体，它们的注(吊)销曲线峰值来得更早，在注册后的第二年。

(4)对于“农、林、牧、渔业”、“建筑业”、“交通运输、仓储和邮政业”和“住宿和餐饮业”的市场主体，它们的注(吊)销曲线峰值出现在注册后的第2年和第3年(见图4.13)。

(5)“科学研究”、“技术服务和地质勘查业”、“水利、环境和公共设施管理业”、“教育”、“卫生、社会保障和社会福利业”和“文化、体育和娱乐业”五个广泛涉及文教卫和公共设施行业，也是寿命分布比较平缓的。

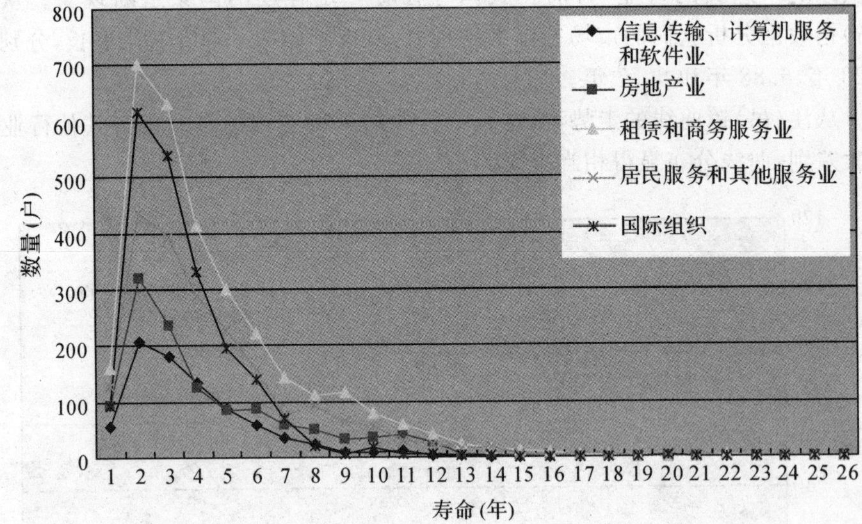
800
700
600
500
400
300
200
100
0
数量(户)
1 2 3 4 5 6 7 8 9 10 11 12 13 14 15 16 17 18 19 20 21 22 23 24 25 26
寿命(年)
信息传输、计算机服务和软件业
房地产业
租赁和商务服务业
居民服务和其他服务业
国际组织

图 4.12

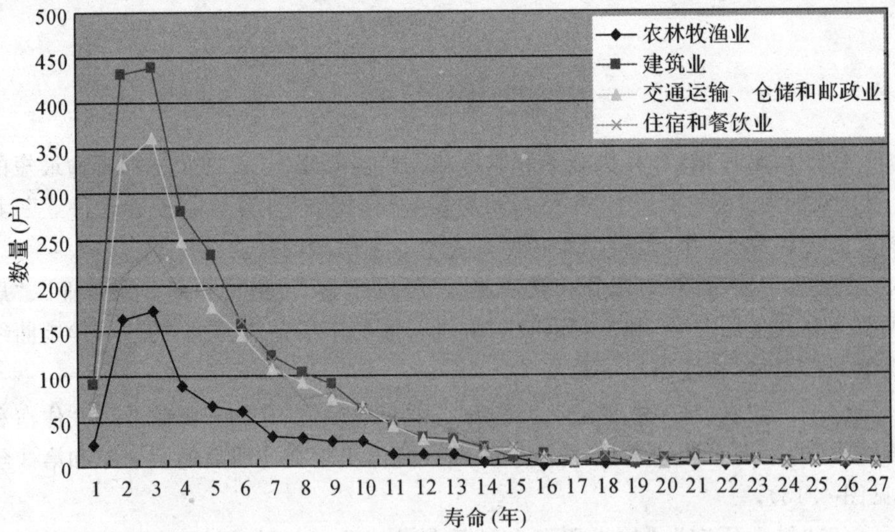
500
450
400
350
300
250
200
150
100
50
0
数量(户)
1 2 3 4 5 6 7 8 9 10 11 12 13 14 15 16 17 18 19 20 21 22 23 24 25 26 27
寿命(年)
农林牧渔业
建筑业
交通运输、仓储和邮政业
住宿和餐饮业

图 4.13

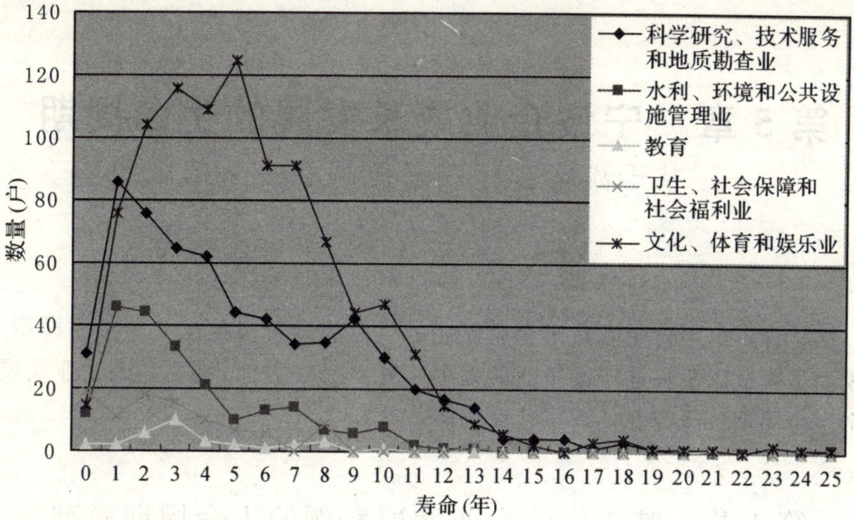
140
120
100
80
60
40
20
0
数量(户)
0 1 2 3 4 5 6 7 8 9 10 11 12 13 14 15 16 17 18 19 20 21 22 23 24 25
寿命(年)
科学研究、技术服务和地质勘查业
水利、环境和公共设施管理业
教育
卫生、社会保障和社会福利业
文化、体育和娱乐业

图 4.14

第5章 宁波企业成长发展的生命周期
——基于战略目标—资源耦合关系的模型

尽管有不少中外学者对于企业发展的生命周期阶段提出了不同的模型，这些模型是否适用于描述宁波企业的发展实际？另一方面，需要明确企业发展的各个生命周期阶段究竟体现了什么样的差异？

第1节 基于宁波企业发展案例的生命周期模型

5.1.1 宁波企业成长发展的个案研究及其生命周期特征

笔者在2007年8月对宁波3户典型的民营企业进行了深度访谈研究。这3户企业是宁波甬微集团、宁波立得房地产中介公司、宁波真汉子电器有限公司。访谈对象分别为董事长或总经理，以及系统了解企业发展过程的相关人员。

访谈围绕着“企业发展的历程”、“企业发展各阶段遇到的问题”、“当前阶段企业面临的瓶颈问题”、“决定企业发展的因素”、“宁波的民营企业发展的环境”、“企业进一步发展的规划”等问题开展。

综合分析这3户企业的发展历程，发现企业的成长发展表现出共同的阶段性特征(见表5.1)。

分析表5.1中的各个阶段的特征可见：

第一阶段是企业的创业阶段：企业从无到有。

第二阶段是巩固成长阶段：巩固创业成果，在已有的产品/服务基础上，逐步扩大业务，以便取得创业后的生存；

第三阶段是多元发展阶段：企业为进一步发展而进行扩张，不同的企业可能采取不同的方法。方法包括：产品结构多元化；跨行业经营；跨地域经营；产权多元化等。

表 5.1　企业成长发展过程的阶段性特征

企　业	第一阶段	第二阶段	第三阶段	第四阶段
宁波甬微集团	1988 年：创建企业，生产轴承机械。	1989—1991 年：生产和销售轴承机械；之后又用自己的产品——轴承机械办厂，生产微型轴承。这一时期的企业活动主要围绕着市场和生存。 1991 年：与香港合资，总投资额 15 万美元，是宁波第一家获得自行出口证书的民营企业。	2000—2004 年：通过企业独立投资和企业和员工各出资 50% 的股份制形式筹集资金，上马碱性电池生产项目和空调压缩机滑片生产项目。 企业在这一阶段的主要目的：调整企业的产品结构、产业结构，不断开发技术含量较高的新产品。实现从只生产低端产品，向高端领域转变。	目前，正在努力通过完善创新体制，建立规范的管理系统，实现“做精、做强，做成百年企业”的目标。
宁波立得房地产中介公司	1993 年 7 月创立立得房地产中介公司。	1993—1998 年：当时房地产中介作为刚起步的新兴行业，同行业竞争少，企业开发了网上中介平台、合同文本和财务体系等，建立了粗放型管理体系，企业发展平稳缓慢。 1998 年：宁波成为房改试点城市，公房上市，带来市场契机。公司逐步扩张，成立分公司，实现连锁，开发了联网业务系统以及房源系统。到 2002 年已拥有 8 家分公司。 企业规模扩大后，粗放型管理导致企业发展瓶颈，企业内部管理、业务管理失控。	2002 年：加盟 21 世纪不动产连锁机构，改造分公司成为加盟店。 2003 年：进行组织结构建设，引进“21 世纪”的管理方法，形成标准化管理体系。业务迅速发展，已有 24 家加盟店。业务发展主要来源于市场的发展以及企业内部管理的规范化。被宁波资信评估委员会评定为“2003 年贷款企业资信等级‘AAA’级企业”；如今拥有 24 家加盟连锁店，2 家控股公司，从业人员 542 人，年交易额 32 亿元，占宁波市场份额的 20%～30%。	
宁波真汉子电器有限公司	1995 年办厂，为上海的国有企业生产配套产品。	1998 年开始生产剃须刀和美容美发小家电同系列产品。企业的主要任务是扩大市场规模。	近年来，开始重点塑造品牌，重视产品的款式和质量。目前公司的产品在国内市场已经初具规模，国外市场正在发展。	

第四阶段是成熟阶段：企业通过完善治理结构、内部管理体系，实现企业管理的规范化。

上述四个成长发展阶段的提出，虽然仅以 3 个企业的案例为基础，但通过对已有理论的分析，也可以发现这些阶段与许多关于企业生命周期的理论有一致性。表 5.2 总结了国内外相关的企业发展阶段研究与本研究结果之间的关系。

表 5.2　企业生命周期理论的阶段划分及其与本研究的企业成长发展阶段的关系分析

相关的生命周期理论	本研究提出的企业成长发展阶段				本研究尚未涉及的阶段
	创业阶段	巩固成长阶段	多元发展阶段	成熟阶段	
Downs 的三阶段理论	该研究主要集中于企业在创业后的发展，因此没有包含创业阶段。	1. 自立阶段：达到企业的“生存阈限”(Survival threshold)。阈限，指界限或范围	2. 迅速发展：通过强调创新，实现企业的快速成长。	3. 减速着陆阶段：通过企业管理体制的提升，达成合规规范化	
Quinn 和 Cameron 的四阶段理论	1. 创业阶段 (Entrepreneurial stage)	2. 整合阶段 Collectivity Stage 3. 规范化和控制阶段 Formalization and control stage)		4. 结构完善化阶段 (Elaboration of structure stage)	
Lippit 和 Schmidt 的三阶段理论	1. 出生阶段 (Birth)	2. 青年阶段 (Youth)		3. 成熟阶段 (Maturity)	
Scortt			3. 产品市场多元化		
Greiner	1. 创业阶段	2. 规范管理阶段		3. 放权阶段；4. 协调阶段；5. 合作阶段	
Adizes	1. 孕育期；2. 婴儿期	3. 学步期；4. 青春期	5. 盛年期	6. 稳定期	7. 贵族期；8. 官僚初期；9. 官僚期；10. 死亡期
Churchill 和 Lewis	1. 创业阶段	2. 生存阶段	3. 发展阶段； 4. 起飞阶段	5. 成熟阶段	
陈佳贵	1. 孕育期	2. 求生存期	3. 发展期	4. 成熟期	5. 衰退期；6. 蜕变期

由表 5.2 的结果可见，本研究基于个案研究结果提出的企业成长发展阶段，和国内外其他学者的研究结果有一定的共同之处，说明该企业成长发展阶段是具有一定的普遍性意义的。

当然，从企业发展的整个生命周期来考察，除了这四个发展阶段外，我们还有必要将企业由于在各阶段经营管理不善而走下坡、甚至消亡的过程也加以考虑。结合相关企业的个案分析，我们在上述的四个发展阶段基础上进一步提出了体现企业衰退消亡的过程的另外三个阶段：

第五阶段是下降阶段：在该阶段，企业的业务、市场、盈利等连续出现大规模下降。

第六阶段是恢复阶段：企业从下降期恢复。

第七阶段是消亡阶段:企业逐步退出市场,走向消亡。

这七个阶段的发展关系如图 5.1 所示,说明了企业在各个发展阶段,由于经营管理不善导致的下降和消亡过程,或者从下降期再次恢复的阶段。

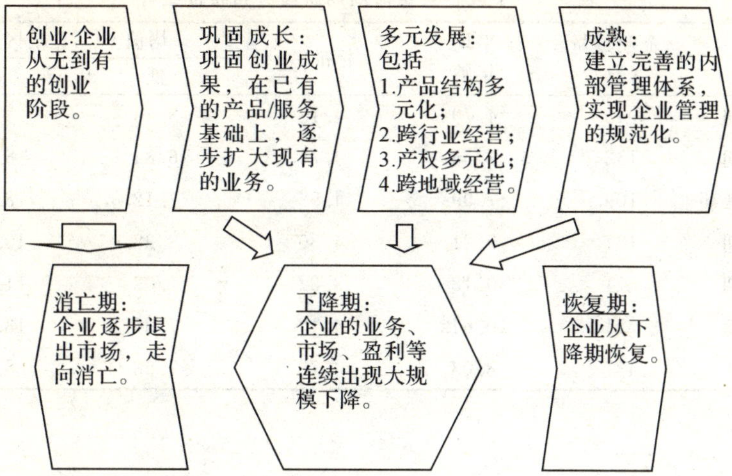

图 5.1　企业成长发展的生命周期

5.1.2　宁波企业生命周期发展阶段的可行性分析

为了分析基于个案分析结果提出的企业发展生命周期阶段的普遍意义,我们进一步采用现场调查法,对宁波 564 户代表性企业样本进行了问卷调查(调查问卷及样本的基本情况见附件)。要求企业的总经理按照我们对企业生命周期阶段的描述,指出自己企业目前所处的阶段,并分析企业发展经历的各个阶段及其代表性特征。这种由企业家自我评价的生命周期阶段调查法也是国际上流行的方法之一。

调查结果显示,在宁波 564 家代表性企业样本中,有约 77.5%的企业(437 家)能够根据我们关于生命周期阶段的划分,明确地指出企业所处的阶段;其余 127 家企业由于各种原因没有填写生命周期阶段信息。这说明,我们关于生命周期阶段的划分与企业发展的阶段性现实有比较一致的对应性。

另一方面,我们也从这些企业的平均年龄来分析企业生命周期各个阶段的顺序关系。表 5.3 是这些企业的生命周期各个阶段分布统计。从表中的企业平均年龄及95%置信区间的数据来看，处于创业期的企业年龄最短，成长期和多元发展期次之，成熟期最长，下降期和恢复期的企业的年龄分布较广。这与我们对于生命周期各个阶段的时间顺序描述相一致。

表 5.3　宁波企业生命周期阶段分布特征统计

	企业数量（户）	平均年龄	标准差	均值95%置信区间	
				低	高
创业期	43	4.70	4.13	3.43	5.97
成长期	132	7.65	4.76	6.84	8.47
多元发展期	109	7.99	4.58	7.12	8.86
成熟期	131	9.21	4.80	8.38	10.04
下降期	11	9.18	3.22	7.02	11.34
恢复期	11	10.64	4.13	7.86	13.41
Total	437	8.03	4.78	7.58	8.48

第2节　企业生命周期的二维行为策略导向模型

企业的成长发展过程为什么呈现出阶段性特征？综述相关的研究，我们发现大部分学者倾向于从企业发展所面临的问题和解决方式之间的动态耦合关系加以解释。例如Quinn认为，处于不同成长发展阶段的企业，它们的运行有效性评价标准表现出质的不同。而企业在努力实现不同性质目标过程中，需要获得相应的能力与资源。Greiner也从组织内部的管理体系发展角度提出，解决企业各个阶段所面临的问题是企业发展阶段性特征的根源，而解决企业现存问题的手段和方法又反过来成为企业进一步发展的瓶颈问题。

5.2.1　企业成长发展的行为策略导向维度

根据上述的企业成长发展理论，我们认为，企业发展的阶段性特征主要体现在企业的行为策略导向，即企业通过何种方式来实现进一步的发展。

结合我们研究中提出的企业成长发展的四个阶段，处于不同成长发展阶段的企业，其行为的策略导向可以从“外延扩张—内涵发展”和“跟随—创新”两个维度加以界定。

"外延扩张—内涵发展"维度反映了企业是集中于"攻城略地"的扩张战略还是"练内功"式的巩固发展战略。任何企业的健康发展必然表现为外延扩张和内涵发展的交替过程，外延扩张是企业发展空间的创造，而内涵发展是企业发展资源的积累，两者相互依存。过度的外延扩张会导致企业资源跟不上发展的速度而枯竭，而过度强调内涵发展会使企业抓不住机遇而发展缓慢。该维度有些类似于 Quinn 提出的"关注内部—关注外部"。

"跟随—创新"维度体现的是企业运用市场追随或管理跟随的方式还是创新的方式实现发展的，是企业积累资源的两种方式。其中，"跟随"是一种模仿式的资源获取，在一个组织从弱小到强大的发展过程中，首先通过模仿其他组织的管理方式，跟踪市场需求的变化来顺应环境，实现发展。但是，一味地模仿和跟随会使一个组织失去个性和核心竞争力，发展空间有限。"创新"是创造性的学习过程，在组织积累了一定的资源后，必然要从追随的发展方式转向创新的发展方式，以便获取与自己的核心竞争力相一致的发展空间。

在企业成长发展过程中，"外延扩张—内涵发展"和"跟随—创新"两个策略维度的重要性是不同的，其中，"外延扩张—内涵发展"维度是主导策略。运用组织发展的二维行为策略导向来分析企业生命周期的各个发展阶段，能够有效地解释企业的发展轨迹。

创业阶段：处于该阶段的企业面临的关键问题是如何将产品或服务打入市场，因此必然是通过外延扩张的策略来获得市场立足空间。这是一种外部导向的行为策略，资金和市场是该阶段的企业成功的基础。同时，由于创业期的企业相对弱小，在管理上往往是经验导向，员工之间的关系主要是情感型的。另一方面，在市场需求的捕捉上，它们也是跟随性的，即从现有的市场中寻找生存空间，所以它们主要是根据市场需要来决定自己企业的产品。

成长阶段：成功创业意味着企业在将产品打入市场，并暂时获得了市场上的生存空间，这时企业面临的主要问题发生了变化，即如何站稳脚跟，巩固和扩大创业期取得的生存空间，并朝着"做强"的目标努力。因此，这时期的企业往往需要采取以内涵发展方式为主的组织行为策略，需要改变以前以情感为基础的人际关系，建立以员工的利益关系为基础的人际关系和人力资源体系，理顺组织的内部关系，设立合理的部门结构来实现规范的决策和执行功能；同时，组织的外部行为也已逐渐地规范化，根据市场的竞争规则开展企业的经营管理。但是，这一阶段的内涵发展主要是学习型的，即表现为主要以他人的成功经验为标杆的学习过程。

在现实中，我们发现有许多企业没有处理好企业生命周期发展中的外延和内涵的关系，没有及时从创业阶段的"外延扩张"转移到发展阶段的"内涵发展"，以至出现盲目"做大"，最终落得个"壮志未酬身先死"的结局。

另一方面，成长阶段的企业如果能够从"跟随型"转型到"创新型"发展战略，那么就能够有效地向"做强"企业的目标迈出坚实的第一步。

多元发展阶段：企业在通过成长阶段的努力，取得了稳定的生存空间，新的问题就是如何进一步发展，这或许可以用"第二次创业"来描述。因此，"外延扩张"的策略又一次成为企业的行为特征，体现为向新的地理区域、市场空间发展的趋势。既然是第二次创业，就不同于第一次创业。在市场空间的开发上，逐渐从追随市场需求向引导市场需求和创造市场的方向转移；在管理体系的建设上，也不断尝试创新，构建体现企业特征的管理系统，表现出一种"创新"导向的组织行为。

成熟阶段：多元发展的结果是企业的复杂程度成倍增加，在组织特征、企业规模、产品结构和地域特征上都表现出多元化的格局，对管理提出了新的要求。这时，企业的发展重心又不得不转移到内涵发展上来，体现在比以往更高、更宏观的层面上构建"可持续的企业发展机制"，包括组织结构变革、经营管理创新、研发力量的发展和企业文化的构建，都是以"创新"为主旋律的组织行为策略。

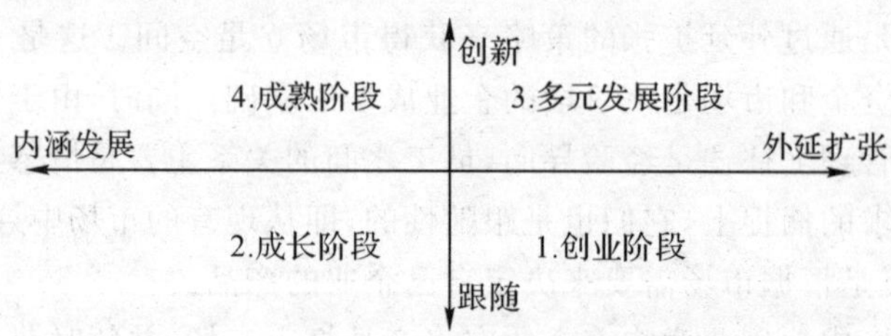

图 5.2　企业生命周期的二维行为策略导向模型

图 5.2 直观地展现了企业生命周期各个阶段与"外延扩张—内涵发展"和"跟随—创新"二维行为策略导向的关系。

5.2.2　企业生命周期的二维行为策略导向模型实证

为了探讨企业生命周期的二维行为策略导向模型是否适合描述宁波企业成长发展，我们进行了现场问卷调查，从两个角度分析企业各个生命周期阶段与组织发展的行为策略关系：

不同生命周期阶段企业及其与所面临的关键性发展问题的关系

不同生命周期阶段的企业核心竞争力比较。

5.2.2.1 不同生命周期各个阶段企业面临的关键问题分析

根据上述的企业生命周期二维行为策略导向模型，处于不同生命周期阶段的企业，将在其组织发展的行为策略导向上表现出和模型预测一致的特征。为了验证这一构想，我们通过问卷调查，了解了处于不同发展阶段的企业面临的关键问题，这些问题广泛地涉及企业的规模、生产技术、产品、人力资源、成本、资金、研发、市场、管理与理念等方面。调查结果的统计见表5.4。

分析表中每个生命周期阶段评分最高的5个问题，我们可以得到如下结果：

1)企业从创业期到成熟期的发展过程中，所面临的迫切问题既有共同性，也有独特性。宁波的企业，不论处于哪个发展阶段，普遍认为“技术人才欠缺”、“管理者素质低”和“经营成本高”是迫切需要解决的问题。

2)创业期的企业和下降期的企业所面临的问题比较广泛，也比较严重。这两个阶段的企业在绝大部分调查的问题上都有超过3分的评价。而其他四个发展阶段的企业面临的问题相对集中，主要是与“人力资源”和“生产成本”相关。其中在“人力资源”方面的问题较广，涵盖了“技术人才欠缺”、“员工素质低”、“管理人员素质和管理水平低”三个方面。

3)企业生命周期中的四个发展阶段，在面临的关键问题上也表现出一定的独特性。对资金的迫切需求是企业“外延扩张”的重要指标。创业期和多元发展期的企业都把“资金短缺与融资困难”作为五个关键问题之一。“成长期”和“成熟期”的企业则表现不同，它们对资金的迫切性相对低一些，转而表现在对于企业“内涵发展”方面的需求上。如“缺乏企业文化体系”对于成熟期企业而言是五个最迫切需要解决的问题之一，“缺乏关键技术和能力”则是“成长期”的五个最迫切的问题之一。这样的结果，显然部分支持了“生命周期的二维行为策略导向模型”。

4)从各个阶段的均值大小来看，“生产经营成本高”、“技术人才欠缺”、“管理水平、管理人员素质低”、“员工素质低”和“缺乏企业文化体系”是企业最迫切的五个问题。

表 5.4 不同生命周期阶段的企业所面临的关键问题

生命周期阶段	规模	生产技术		产品			人力资源			成本	资金	研发	市场			管理与理念				
	规模小	关键技术缺乏	生产工艺落后	产品质量低	产品技术含量低	产品结构单一	技术人才欠缺	员工素质低	管理者素质低	经营成本高	资金缺融资难	研发能力弱	产品市场表现差	市场形象差	营销力量不够	管理体系问题	企业文化问题	组织结构问题	发展战略不明	经营理念过时
创业期	3.03	3.56	3.36	3.11	3.31	3.28	3.66	3.25	3.55	3.80	3.74	3.45	2.97	2.72	3.38	3.44	3.41	2.90	3.33	3.19
成长期	2.78	3.14	2.75	2.67	2.85	2.95	3.39	3.15	3.27	3.54	3.09	3.03	2.58	2.24	2.88	3.01	3.08	2.55	2.80	2.58
多元发展期	2.65	2.98	2.63	2.49	2.79	2.76	3.10	3.09	3.22	3.60	3.17	2.97	2.50	2.18	2.64	2.97	3.00	2.47	2.59	2.50
成熟期	2.53	2.80	2.47	2.34	2.56	2.61	3.17	3.01	3.28	3.51	2.75	2.77	2.19	1.91	2.47	2.96	2.99	2.28	2.61	2.35
下降期	3.36	3.67	3.10	3.00	3.67	3.67	4.23	4.30	3.90	4.50	3.83	3.83	3.07	2.50	3.67	3.50	4.00	3.03	3.47	3.21
恢复期	2.55	3.33	2.82	2.91	3.36	3.12	3.58	3.03	3.42	3.88	3.42	3.06	2.91	2.70	3.27	3.18	3.36	2.61	2.76	2.76
各阶段均值	2.70	3.05	2.70	2.58	2.82	2.85	3.30	3.12	3.30	3.60	3.09	3.00	2.50	2.19	2.77	3.04	3.10	2.49	2.75	2.56

5.2.2.2 不同生命周期阶段企业的发展业绩及其与关键发展问题的关系分析

处于不同生命周期阶段的企业,其发展状况是否与解决该阶段面临的关键问题密切相关?哪些关键问题的解决与特定阶段的企业发展密切相关?为了回答这个问题,我们分阶段分析了企业发展的两类指标与企业面临问题的迫切性下降的关系。两类指标的内容及其计算方式是:

(1)企业生存业绩指标:是指企业当前经营活动的业绩数据,包括年销售收入、产品的产销比率、销售利润率、利税总额以及高管对企业发展现状的评价;

(2)企业发展指标:是反映企业近两年来经营情况的增长发展数据,包括销售收入近两年平均增长率,利润总额近两年平均增长率,利税总额近两年平均增长率,以及高管对企业发展前景的评价。

由于上述指标所包含的具体数据拥有不同的单位,无法直接相加,我们在计算时首先将指标包含的各个项目数据转换成标准分数,然后相加。

表 5.5 列出了不同生命周期阶段的企业绩效与面临问题的相关系数。其中,创业阶段企业仅有生存指标与“市场营销”问题呈现显著负相关,说明市场营销问题的缓解是该阶段企业生存的有效指标。

对于成长阶段的企业而言,生存指标与“产品结构”和“技术含量”显著相关,而发展指标与“市场形象”和“经营理念”显著相关。说明该阶段的企业首先要处理好产品的问题,但是它们的发展前景却与建设好“市场形象”和改进“经营理念”密切相关。

表 5.5 不同生命周期阶段的企业绩效与面临问题的相关系数

生命周期阶段	企业生存发展绩效指标	规模	生产技术		产品			人力资源			成本	资金	研发	市场			管理与理念				
		规模小	关键技术缺乏	生产工艺落后	产品质量低	产品技术含量低	产品结构单一	技术人才欠缺	员工素质低	管理者素质低	经营成本高	资金缺融资难	研发能力弱	产品市场表现差	市场形象差	营销力量不够	管理体系问题	企业文化问题	组织结构问题	发展战略不明	经营理念过时
创业阶段	企业生存指标	.309	.018	-.221	.090	-.198	-.069	-.098	.204	.032	.121	-.078	-.137	-.214	-.040	-.417*	.049	-.164	.031	-.199	-.366
	企业发展指标	.286	.024	-.303	-.031	-.307	.063	.164	.187	-.012	.265	.306	.191	.038	.030	.067	.014	.133	-.262	-.128	-.283
成长阶段	企业生存指标	.016	-.144	-.170	-.187	-.227*	-.205*	.005	-.061	-.158	-.044	-.130	-.172	-.132	-.113	-.027	-.086	-.120	-.123	-.158	-.186
	企业发展指标	-.066	-.041	-.019	-.076	-.015	-.060	.098	-.021	-.058	.046	-.059	.003	-.196	-.215*	-.159	-.135	-.075	-.183	-.134	-.225*
多元发展阶段	企业生存指标	-.195	-.159	-.156	-.290**	-.146	-.034	-.157	-.263*	-.250*	-.057	-.266*	-.028	-.259*	-.179	-.201	-.196	-.246*	-.096	-.215*	-.146
	企业发展指标	-.130	-.324**	-.324**	-.279*	-.248*	-.320**	-.243*	-.353**	-.318**	-.229*	-.129	-.232*	-.342**	-.221	-.267*	-.247*	-.273*	-.281*	-.183	-.277*
成熟阶段	企业生存指标	-.092	-.053	-.057	-.085	-.146	-.068	.016	-.030	.027	-.020	-.142	-.020	-.139	-.006	-.128	-.121	-.119	-.101	-.059	-.190*
	企业发展指标	-.065	-.037	-.109	-.057	-.115	-.096	.063	-.021	.065	.034	-.048	-.077	-.277**	-.235*	-.191	-.011	.006	-.149	-.208*	-.182
各阶段均值	企业生存指标	-.09	-.13**	-.16**	-.19**	-.20**	-.15**	-.05	-.10*	-.10	-.04	-.19**	-.10	-.21**	-.14**	-.18**	-.14**	-.16**	-.13**	-.18**	-.24**
	企业发展指标	-.09	-.16**	-.15**	-.14**	-.18**	-.16**	-.06	-.135*	-.12*	-.05	-.08	-.11*	-.26**	-.22**	-.22**	-.14**	-.14*	-.21**	-.21**	-.28**

* 相关系数显著性水平为 0.05(双尾检验)，** 相关系数显著性水平为 0.01(双尾检验)

多元发展期的企业发展需要解决的关键问题更多。统计意义显著的相关系数，广泛涉及生产技术、产品结构与质量、人力资源、成本与资金、研发、市场表现及管理与理念问题。

成熟期企业的生存指标与“经营理念陈旧”显著负相关，表明该阶段企业的生存状态取决于管理人员经营理念转变。而企业发展指标则与“市场形象”及“产品市场”表现密切相关，与企业“发展战略”问题也相关。可见与该阶段企业生存与发展相关的问题集中在市场与战略管理方面。

5.2.2.3 企业生命周期各个阶段相关的核心竞争力构成分析

我们的调查要求处于不同发展阶段的企业对其核心竞争力构成进行分析，并指出最能体现其竞争力的方面(限5项以内)。企业的核心竞争力包含两类不同性质的实力，一类是与企业的资金、技术、设备及市场相关的硬实力，另一类是与创新能力、管理体系、企业文化、人才、品牌等相关的“软实力”。调查结果见表5.6。

表5.6 不同发展阶段企业核心竞争力分析

	核心竞争力	创业期	成长期	多元发展期	成熟期	下降期	恢复期
硬实力	技术独特	7.9%	7.3%	7.1%	5.8%	9.1%	0.0%
	市场营销	29.7%	42.3%	41.6%	39.9%	18.2%	27.3%
	资金	15.8%	24.8%	18.6%	21.7%	27.3%	9.1%
	技术水平先进	13.2%	28.7%	31.9%	33.3%	9.1%	18.2%
	产品/服务	48.6%	59.1%	60.2%	58.0%	54.5%	72.7%
	规模经济	7.9%	13.1%	28.3%	18.8%	9.1%	27.3%
软实力	管理能力与体系	31.6%	33.6%	47.3%	55.8%	18.2%	63.6%
	研发能力	7.9%	21.2%	22.3%	24.6%	9.1%	9.1%
	企业文化	18.4%	29.2%	19.5%	26.8%	9.1%	18.2%
	战略	15.8%	16.1%	23.0%	19.7%	9.1%	36.4%
	员工素质	31.6%	19.0%	19.5%	14.5%	18.2%	36.4%
	品牌优势	26.3%	32.8%	30.1%	35.5%	18.2%	18.2%
	领导者	16.2%	39.4%	51.3%	30.4%	54.5%	45.5%
	信誉	78.9%	68.6%	64.6%	70.3%	63.6%	72.7%

由表中数据可见：

(1)“市场营销”和“产品/服务”是四个成长发展阶段共同的核心竞争力构成

的硬实力要素，处于这些发展阶段的企业普遍把它们列入5项最重要的要素之中，且在成长阶段和多元发展阶段尤其重要；而"管理能力与体系"和"信誉"则是5项最重要要素中的软实力成分，且"管理能力与体系"随着企业的阶段性发展愈显重要，"信誉"则在创业阶段和成熟阶段特别重要。

(2)处于四个不同发展阶段的企业，其软实力表现出较明显的差异化现象。即员工素质似乎对于创业期的企业更重要些，品牌优势对于成熟期的企业更重要，成长期和多元发展期的企业更依赖于领导者的素质。

(3)随着企业的成长发展，"研发能力"和"技术水平先进性"这两个方面对于企业核心竞争力的重要性逐步体现出来。但是，从表中的数据可见，这两个项目没有被足够多的企业选择为核心竞争力的成分，说明它们的重要性尚未被各个企业所真正重视。

(4)对于下降期的企业，"资金"和"领导者"也是位列5项最重要的核心竞争力要素。而对于恢复期的企业，"组织战略"和"员工素质"应该给予特别关注。

附件 样本的概况见表5.7。

表5.7 调查样本的概况

样本特征	分　类	企业数量	百分比
企业性质	国有及国有控股公司	8	1.5
	私营及控股企业	375	68.3
	集体企业	15	2.7
	股份合作制企业	82	14.9
	外商及港澳台投资企业	69	12.6
	汇总	549	100.0
企业年龄	0～3	49	16.22
	3～5	40	13.24
	5～10	122	40.39
	10～15	69	22.84
	15～20	22	7.284
	汇总	302	100

续表

样本特征	分类	企业数量	百分比
员工数量	0～50	191	34.16
	51～100	102	18.24
	100～200	98	17.53
	201～500	104	18.60
	501～1000	37	6.619
	1000 以上	27	4.83
	汇总	559	100
行业	制造类企业	395	69.7
	服务类企业	5	0.9
	汇总	564	100.0
成长阶段	创业期	43	7.6
	成长期	137	24.3
	发展期	119	21.1
	成熟期	144	25.5
	下降期	16	2.8
	恢复期	11	2.0
	汇总	474	100.0
企业总资产(万元)	0～100	57	10.36
	100～500	107	19.45
	500～1000	69	12.54
	1001～2000	84	15.27
	2001～5000	102	18.54
	5001～10000	47	8.545
	10001 以上	84	15.27
	汇总	550	100

续表

样本特征	分　类	企业数量	百分比
销售收入(万元)	0—100	54	10
	101～500	84	15.55
	501～1000	70	12.96
	1001～5000	169	31.29
	5001～10000	70	12.96
	10001 以上	93	17.22
	汇总	540	100

第 6 章　宁波不同生命周期阶段的企业管理现状分析

从企业微观的角度来看，企业的健康发展一方面取决于企业是否拥有阶段特定的发展资源，另一方面企业的资源利用与管理方式也决定企业发展的有效性。根据这一理论构思，我们提出图 6.1 所示的“企业资源”、“资源利用与管理方式”、“企业发展阶段”和“企业成长发展绩效”关系框架。

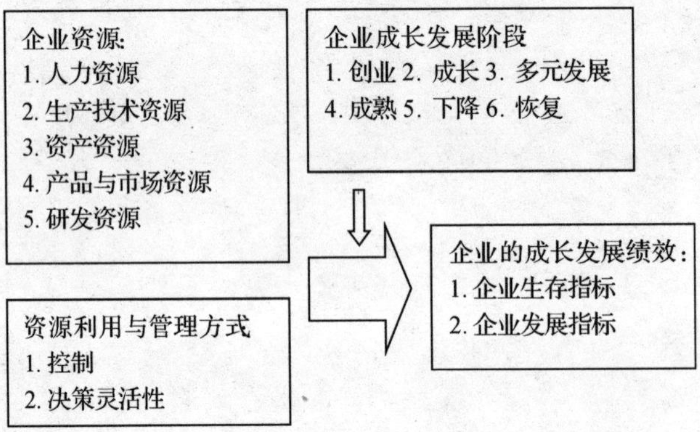

图 6.1　企业生命周期及其发展模式

第 1 节　宁波不同生命周期阶段的企业资源构成分析

根据企业成长发展的战略—资源匹配构思，企业健康发展需要有阶段特定的内部资源结构为支撑。当企业的资源接近耗竭，或企业无法更新其资源储备时，往往预示着企业的发展无以为继，其生命周期也就走向下降或终结。

系统分析作为企业成长发展基础之一的内部资源，其构成可以概括为如下5个方面：

人力资源状况：企业的成长发展与其中高层管理人员和研发人员的素质密切相关，因此我们以企业中高层管理人员和研发人员的知识经验水平作为影响企业成长发展的人力资源状况指标。

生产技术资源：是指与企业生产技术相关的资源，主要以生产设备的技术先进程度为指标。

资产资源：指与企业资金和财产状况相关的指标，包括企业的人员规模和经济规模等因素。

产品与市场资源：指企业的产品特征和市场表现状况，包括企业专利情况、产品/服务的结构情况，产品技术含量，客户稳定性等指标。

研发资源：体现企业的研发模式和研发机构状况，研发人员的比率，自有品牌情况。

下面，我们将分别分析处于不同发展阶段的企业的内部资源状况。

6.1.1 人力资源

人力资源是企业最根本的资源之一。不同发展阶段的企业，为了达成其发展目标与战略，离不开与之相联系的人力资源结构。

6.1.1.1 员工总数

员工总数是企业人力资源的基本指标。针对处于不同发展阶段的企业员工数量进行调查，结果列于表6.1。

表6.1 不同发展阶段的企业的员工数量统计

发展阶段	创业期	成长期	多元发展期	成熟期	下降期	恢复期
员工总数(人)	77	241	359	249	192	618
企业数量(户)	44	136	115	138	11	11

总体而言，从人员数量上看，宁波企业主要属于中小企业，员工数量不多，且表现出从创业期、成长期到多元发展期员工数量逐步增加，而在成熟期员工规模出现一定数量的精简。这一发展趋势显然是符合企业成长的资源整合规律的。

在创业期，企业处于起步阶段，规模较小，员工也就比较少。随着企业的成长和壮大，企业发展所需的员工数量也就越来越多，尤其是在多元发展期，由于

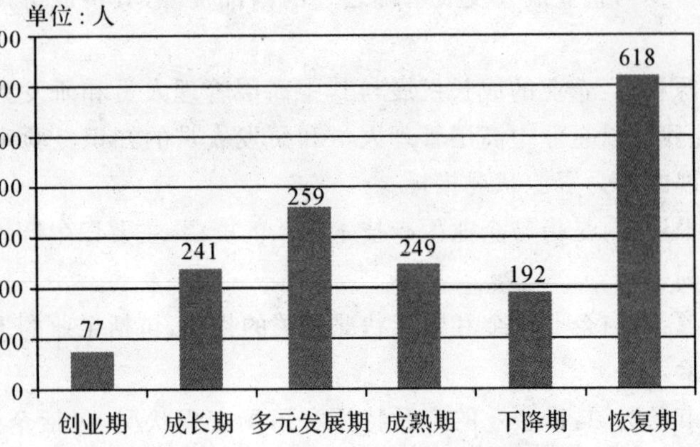

图 6.2　不同发展阶段的企业员工数量统计

产品结构的多元化以及跨行业经营和跨地域经营，员工总数达到一个局部峰值。到了成熟期企业发展定位于精细化，用人制度越来越规范，对于那些出于外延发展需要的岗位的增加和员工队伍的规模，采取裁减整合的办法，整合冗余度大的岗位，淘汰业绩差的员工，以提升企业运作效率。因此，成熟期企业的员工数量下降是符合这个时期的企业发展规律的。

进入下降期，由于企业利润减少和效益下降，企业规模必然缩小，员工流失现象越来越严重。在恢复期，企业的生产经营开始渐渐正常化，这时生产的恢复急需大量的人才，员工的数量在这一阶段出现第二次峰值。由此可见，员工的数量能够反映企业的成长和发展。

6.1.1.2　企业员工的职能构成分析

与企业发展目标和战略定向密切相关的人力资源构成维度是其职能结构，比较处于不同发展阶段的企业，其人力资源的职能构成情况的变化有何差别呢？相关的统计结果见表 6.2。

表 6.2　宁波企业各个发展阶段的人力资源职能结构

发展阶段	创业期	成长期	多元发展期	成熟期	下降期	恢复期
行政管理人员	17.64%	14.86%	12.81%	14.05%	11.56%	12.13%
市场营销人员	17.59%	10.33%	12.29%	8.92%	3.13%	6.21%
生产操作人员	64.38%	71.10%	68.63%	70.97%	72.58%	74.04%
技术研发人员	7.89%	7.61%	6.92%	10.11%	4.39%	4.27%

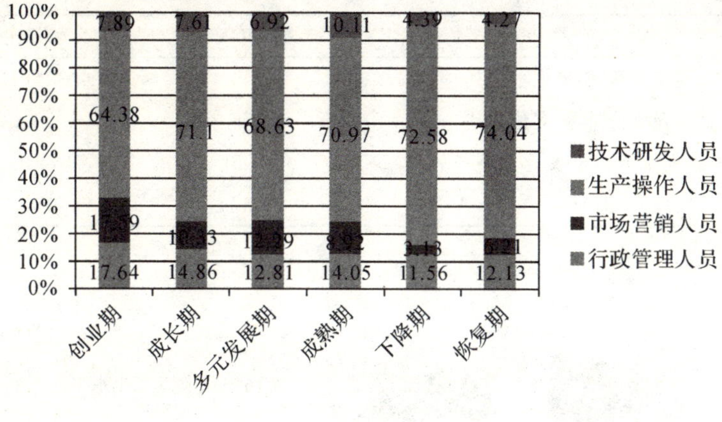

图 6.3 宁波企业各个发展阶段的人力资源职能结构

市场营销人员:创业期的市场营销人员比例最大(17.59%),这显然是和这个时期为了在市场上求生存而采取的措施相关。随着企业创业后的成长和发展,市场营销人员的比率小幅下降到10%左右,到成熟期则为8.92%。

技术研发人员:研发人员的比率是较少的,且在企业的创业期、成长期和发展期基本保持不变,维持在7%上下,在成熟期才有所发展,达到10.11%。

行政管理人员:在创业期,企业的行政管理人员数量相对较多些,为17.64%,在随后的发展阶段,该比率小幅回落。

生产操作人员:这是企业中人数最多的队伍,且表现出在创业期比率略低(64.38%),随着企业的成长而提高,随后有小幅增加,并稳定在70%左右。

6.1.1.3 企业中高层管理人员和研发人员的受教育水平

对于一个企业而言,中高层管理人员和研发人员的教育水平与企业的成长发展密切相关。为此我们集中分析企业中这两个团队的教育水平现状。

1)中高层管理人员教育水平

表6.3是企业中高层管理人员的整体教育水平情况统计。

由表6.3结果可见,宁波企业管理人员的文化水平不容乐观,66.29%的企业管理人员为高中和大专学历,32.27%的企业其管理人员为大专和大学本科学历,仅有0.93%的企业管理人员是研究生学历。

表 6.3　宁波企业中高层管理人员的整体文化水平

	数量(人)	百分比(%)
高中及大专文化水平	356	66.29
大专及大学本科文化水平	176	32.77
研究生及以上文化水平	5	0.93
总计	537	100.00

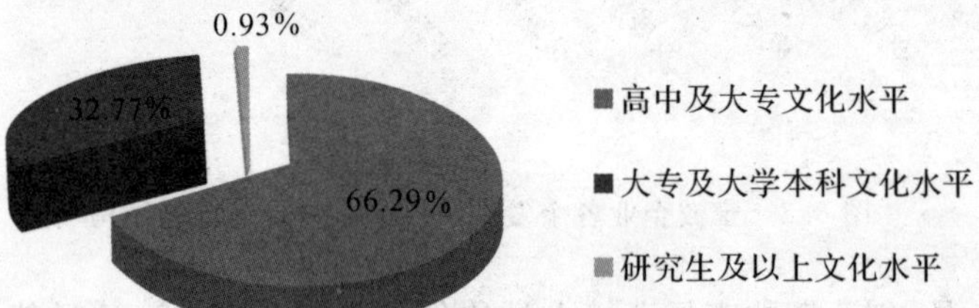

图 6.4　宁波企业中高层管理人员的整体文化水平

可见，从整体上提高企业管理人员的学历层次，特别是通过企业培训与开发计划，提高企业管理团队的教育水平，使大专及本科学历的管理人员成为企业中高层管理团队的主体，适当增加研究生的比例，是宁波企业中高层团队迫切需要解决的问题。

针对不同成长发展阶段的企业中高层管理团队的教育水平现状分析，统计结果见表 6.4。

表 6.4　不同成长发展阶段的企业中高层管理团队的教育水平统计

	创业期	成长期	多元发展期	成熟期	下降期	恢复期
高中及大专文化水平	70.73%	63.91%	57.66%	66.17%	70.00%	54.55%
大专及大学本科文化水平	29.27%	33.83%	42.34%	32.33%	30.00%	45.45%
研究生及以上文化水平	0.00%	2.26%	0.00%	1.50%	0.00%	0.00%

总体而言，随着企业从创业期到多元发展期的发展，其中高层管理人员的学历层次表现出越来越高的趋势。但是这种趋势还不够明显，特别是在多元发展

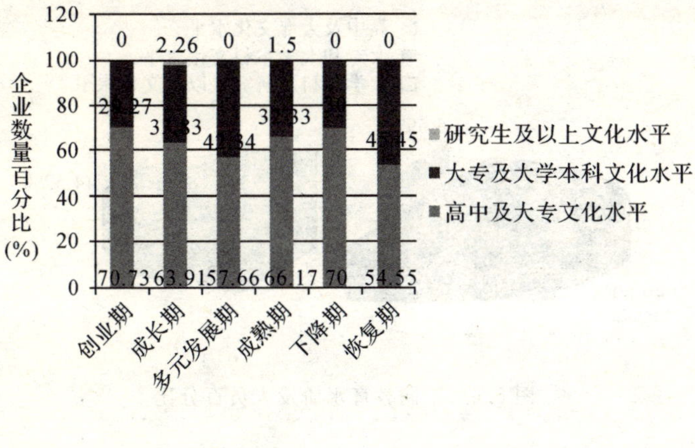

图 6.5 不同成长发展阶段的企业中高层管理团队的教育水平统计

期和成熟期，有一半以上企业的中高层管理团队，其学历主要是高中和大专。这一人力资源现状与这两个阶段的企业发展要求有差距。

(2)研发人员的文化水平

对于处于不同发展阶段的企业，研发人员的重要性也是不同的。表 6.5 是研发人员的整体受教育水平情况统计结果。

表 6.5 企业研发人员受教育水平情况统计

受教育水平	企业数量(户)	百分比(%)
高中及大专文化水平为主	199	44.52
大专和大学本科文化水平为主	223	49.89
大学本科及研究生文化水平为主	25	5.59

由表 6.5 可见，所调查的宁波企业中，尽管有 49.89%的企业研发人员主要以大专和大学本科为主，有很小比率(5.59%)的研发团队是以本科及研究生学历构成，以高中和大专为主的研发人员团队占据了相当大的比重(44.52%)。这显然不能很好地适应宁波当前企业发展战略的要求。

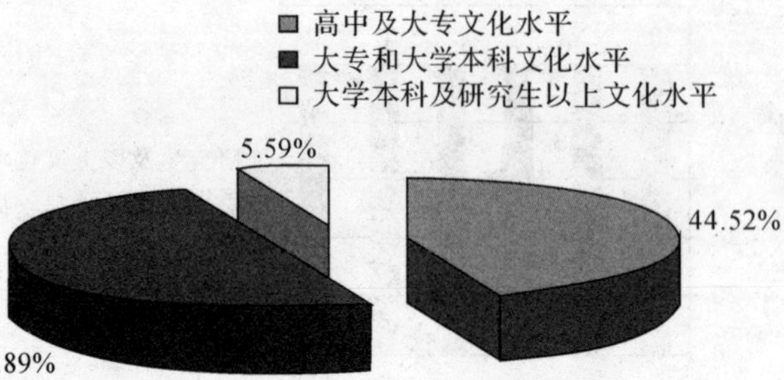

图 6.6 不同教育水研发人员百分比

处于不同发展阶段的企业，其研发人员教育水平现状统计见表 6.6。

表 6.6 不同发展阶段的企业研发人员教育水平现状统计

	创业期	成长期	多元发展期	成熟期	下降期	恢复期
高中及大专文化水平	46.88%	39.62%	40.82%	44.17%	62.50%	55.56%
大专和大学本科文化水平	46.88%	52.83%	54.08%	50.00%	37.50%	44.44%
大学本科及研究生以上文化水平	6.25%	7.55%	5.10%	5.83%	0.00%	0.00%

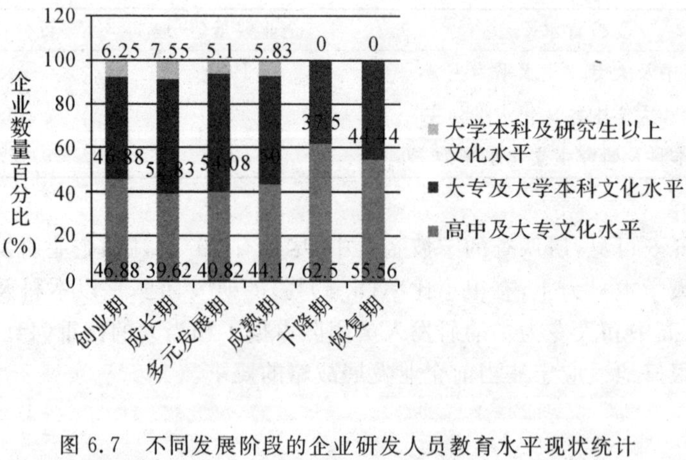

图 6.7 不同发展阶段的企业研发人员教育水平现状统计

尽管从表6.6中我们可以发现，随着企业从创业阶段到多元发展阶段的发展，其研发人员的学历层次越来越高，但仍然有接近一半的企业，在多元发展阶段和成熟阶段研发人员的学历主要是高中和大专，本科和研究生以上学历的人员数量很少（5%左右）。这样的研发力量也是不能适应这两个阶段的企业发展战略的。

6.1.2 生产技术资源

我们集中从生产设备的技术先进程度来分析企业的生产技术资源情况。从被调查的企业情况来看，有81.05%的企业的主流生产设备是国产的，仅18.95%的企业采用进口机器为主流的生产设备（见图6.8）。

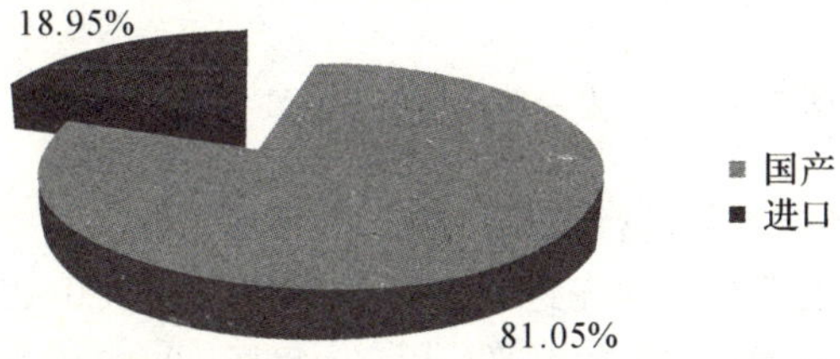

图6.8 企业主流生产设备

处于不同发展阶段的企业，其主流设备的国产化程度也有所不同。表6.7的统计数据表明，创业期使用国产设备的企业最多，占到了样本数的91.89%；在随后的发展阶段，企业逐渐引进进口设备，在多元发展期，以进口设备为主的企业数量达到三分之一。到成熟期，这一趋势有所下调。

表6.7 不同发展阶段的企业主要设备产地统计(%)

发展阶段	创业期	成长期	多元发展期	成熟期	下降期	恢复期
国产	91.89	84.00	66.67	81.68	90.91	100.00
进口	8.11	16.00	33.33	18.32	9.09	0.00

当然，一个企业的主流生产设备是进口的还是国产的，与其生产技术的先进性或许只有一定程度的相关，两者之间并不存在必然的关联。所以我们有必要从生产设备的年代以及与同行业相比的先进性来作进一步的分析。

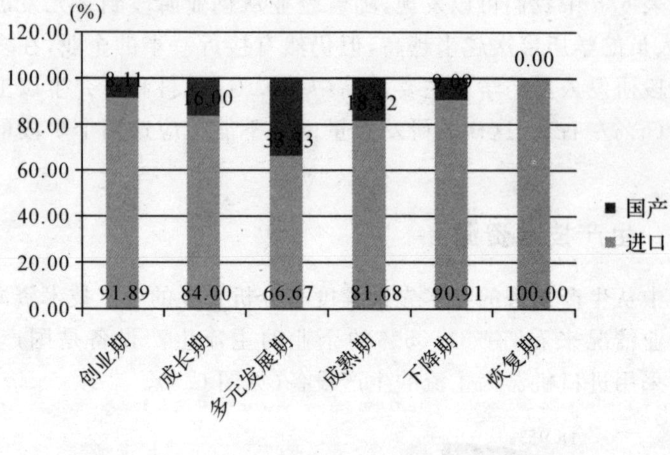

图 6.9　不同发展阶段的企业主要设备产地统计

6.1.2.1　生产技术与同行业相比的先进程度

表 6.8 是企业生产技术的先进程度评价结果。由表中数据可见，宁波企业的生产设备多数处于国内领先水平，占 53.44%；也有超过三分之一的企业(39.49%)认为他们的生产设备仅仅属于“国内一般”。采用国际领先生产设备的很少(6.48%)。

表 6.8　企业的生产设备的技术水平统计

	数量(户)	百分比(%)
落后于同行	3	0.59
国内一般	201	39.49
国内领先	272	53.44
国际领先	33	6.48

分析不同发展阶段的企业生产技术情况(见表 6.9)，我们可以看到，在创业期，绝大多数企业采用的是国内一般水平的设备。然后，随着企业的发展，逐渐提升生产技术水平，大幅采用国内领先的生产设备，同时也有少量企业引进一些国际先进的生产设备。

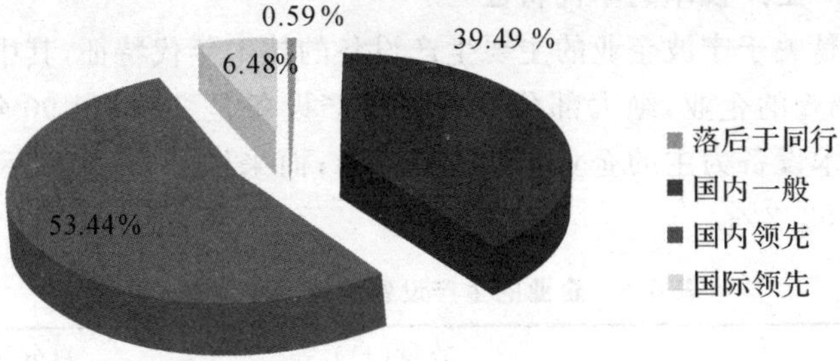

图 6.10　企业的生产设备的技术水平统计

表 6.9　不同生命周期阶段的企业生产设备技术水平统计(%)

发展阶段	创业期	成长期	多元发展期	成熟期	下降期	恢复期
国际先进	0.00	7.20	7.41	10.24	0.00	0.00
国内领先	37.84	52.00	63.89	60.63	18.18	54.55
国内一般	62.16	40.80	27.78	29.13	72.73	45.45
落后于同行	0.00	0.00	0.93	0.00	9.09	0.00
总计	100.00	100.00	100.00	100.00	100.00	100.00

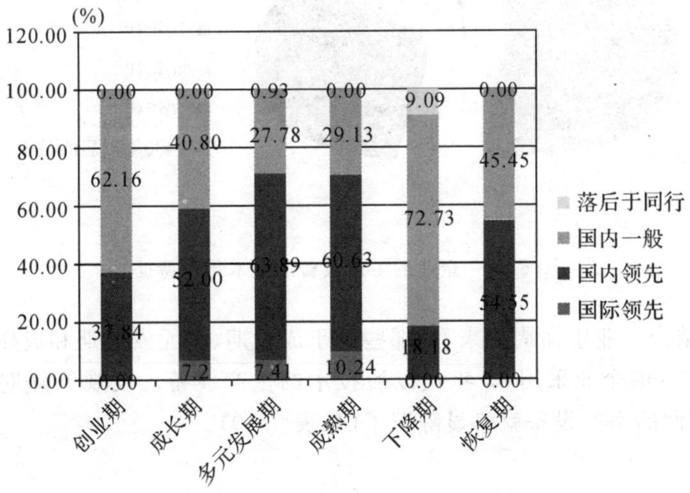

图 6.11　不同生命周期阶段的企业生产设备技术水平统计

6.1.2.2 生产技术的年代特征

图6.12是关于宁波企业的主要生产设备的技术年代特征，其中的数据令人满意。我们调查的企业，绝大部分的主要生产设备是20世纪90年代之后的。以90年代技术设备为主的企业，仅占37.8%；而采用2000年以后设备技术的企业更多，达52.2%。

表6.8 企业的生产设备的技术年代特征

	数量(户)	百分比(%)
70年代以前	1	0.2
70年代	6	1.2
80年代	43	8.6
90年代	189	37.8
2000年以后的技术	261	52.2

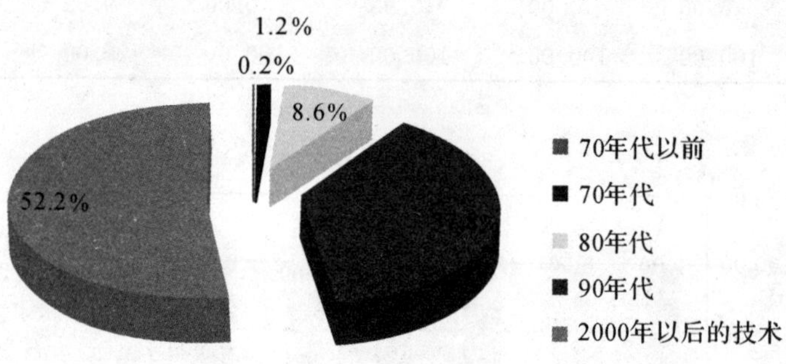

图6.12 企业的生产设备的技术年代特征

如果结合企业生命周期来看，那些处于成长期、多元发展期和成熟期的企业中，超过90%的企业采用90年代以后技术的生产设备。反观下降期和恢复期的企业，它们的生产设备就略显陈旧了(见表6.10)。

表 6.10　不同发展阶段的企业在生产技术年代特征差异统计(%)

发展阶段	创业期	成长期	多元发展期	成熟期	下降期	恢复期
70 年代以前	2.70	0.00	0.00	0.00	0.00	0.00
70 年代	0.00	1.60	0.00	0.82	0.00	0.00
80 年代	8.11	6.40	9.43	5.74	27.27	18.18
90 年代	37.84	40.00	32.08	39.34	27.27	36.36
2000 年以后的技术	51.35	52.00	58.49	54.10	45.45	45.45
总计	100.00	100.00	100.00	100.00	100.00	100.00

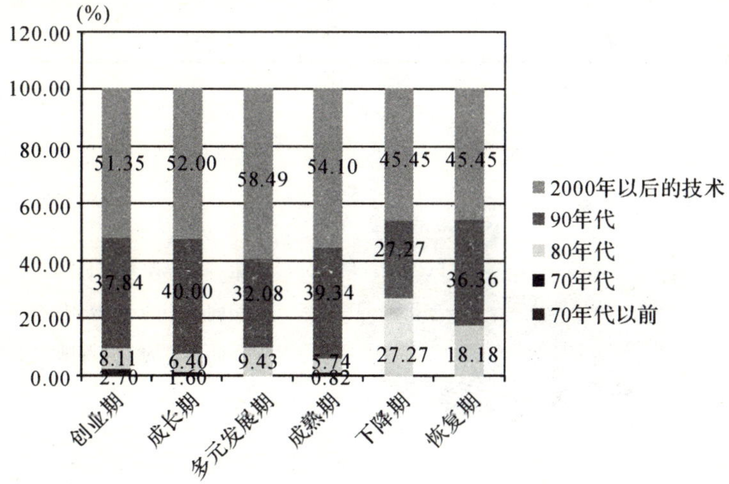

图 6.13　不同发展阶段的企业在生产技术年代特征差异统计

6.1.3　产品与市场资源

市场的需求特征和产品的生命周期在很大程度上决定了一个企业的成长发展历程。与产品相关的资源包括企业拥有的专利情况、产品品牌、产品/服务的结构以及产品技术含量，而企业的市场营销方式和客户稳定性则反映了它的市场资源。

6.1.3.1 产品结构

在我们调查的样本中，有 55.91%的企业的产品结构是“相同类型的多产品/服务”，还有 23.24%的企业已经形成了“不同类型的多产品/服务”结构。但是仍然有 20.95%的企业还是以“单一产品/服务项目”的结构（见图 6.14）。这样的产品结构往往会使企业难以适应当前变化剧烈的市场，同时也面临更大的风险。

表 6.11 企业的产品结构特征

	数量(户)	百分比(%)
单一产品服务项目	101	20.95
相同类型的多产品/服务	269	55.81
不同类型的多产品/服务	112	23.24

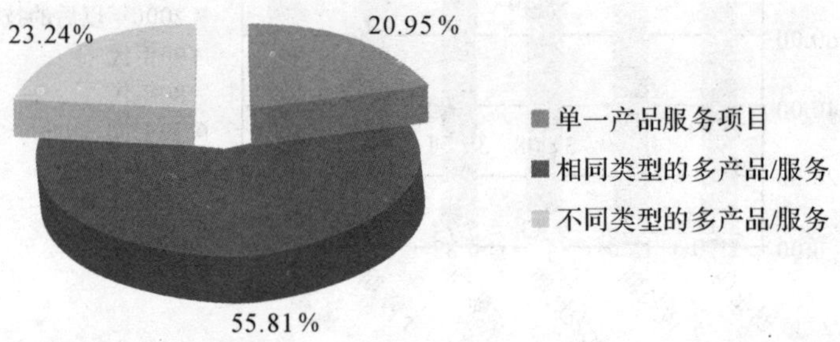

图 6.14 企业的产品结构特征

表 6.12 不同发展阶段的企业产品结构特征统计

发展阶段	创业期	成长期	多元发展期	成熟期	下降期	恢复期
单一产品/服务项目	35.48%	28.10%	14.42%	16.80%	36.36%	9.09%
相同类型的多产品/服务	45.16%	52.07%	60.58%	56.80%	54.55%	63.64%
不同类型的多产品/服务	19.35%	19.83%	25.00%	26.40%	9.09%	27.27%
总计	100.00	100.00	100.00	100.00	100.00	100.00

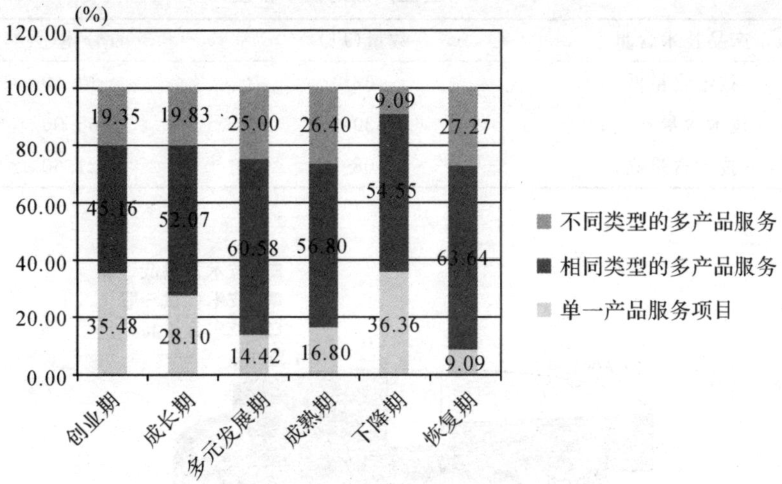

图 6.15　不同发展阶段的企业产品结构特征统计

表 6.12 是处于不同发展阶段的企业的产品结构特征统计。其中的一个基本趋势是，随着企业的不断成长发展，其产品/服务的结构越来越趋向于丰富化和多元化。处于创业阶段的企业，有 35.48%的产品结构是"单一产品或服务"，也有 45.16%的企业已经形成了"相同类型的多产品/服务"的结构。随着企业的进一步发展，"单一产品或服务"的企业数量同步减少，"相同类型的多产品/服务"和"不同类型的多产品/服务"结构的企业数量逐渐增加。这是一种健康的发展趋势。

但是对处于多元发展期和成熟期的企业，仍然有 15%左右的企业还是停留在"单一产品或服务"的结构，意味着这些企业面临着较大的经营风险。因为，从处于下降期的企业产品结构特征来看，有较大比率的企业是产品结构单一的(36.36%)。这之间的关系显然不是偶然的巧合。

6.1.3.2　产品技术含量

产品技术含量决定了企业的市场竞争力。我们的调查显示(见图 6.16)，大多数企业的技术含量处于一般水平(66%)，技术含量低的企业还占 12.40%，而生产技术含量高的企业只有 1/5 左右(21.60%)。

表 6.13 企业产品的技术含量

产品技术含量	数量(户)	百分比(%)
技术含量低	62	12.40
技术含量一般	330	66.00
技术含量高	108	21.60

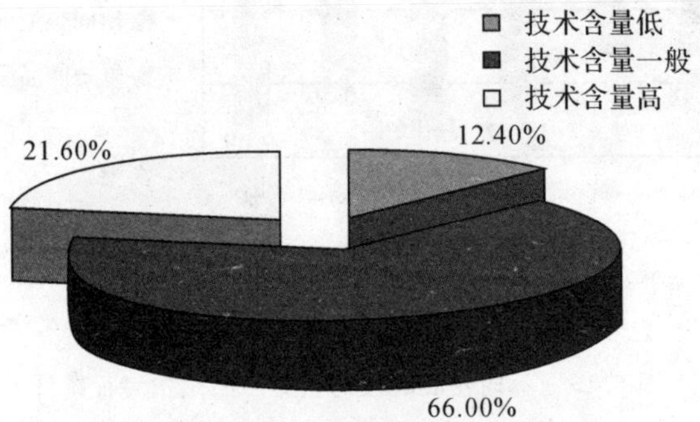

图 6.16 企业产品的技术含量

分析不同发展阶段的企业的产品技术含量(见表 6.14),我们可以看出,绝大多数处于创业期的企业主要生产“技术含量一般”的产品,而通过生产低技术含量产品创业的企业也达到 16.67%。两者加起来达到 96.67%。仅 3.33%的企业是以高技术含量的产品生产为创业起点的。这一现象体现了一种传统的创业模式。而现代的创业模式中更多地体现出新知识、新科技含量。

随后,企业从成长阶段、多元发展阶段到成熟阶段的发展进程中,逐渐提升产品技术含量,生产高技术含量产品的企业从 20.47%逐步上升到 32.03%。很少处于成熟期的企业(4.69%)主要生产技术含量低的产品。相反,处于下降期的企业有 27.27%是生产技术含量低的产品,加上该阶段还有 63.64%的企业是生产技术含量一般的产品。说明企业经营状况的成长和下降主要取决于它能否跟得上市场变化的步伐,及时更新技术含量低的产品,开发或引进高技术含量的产品。仅满足于生产技术含量一般的产品,对于企业的成长和发展没有任何促进作用。

到成熟期,技术含量低的企业所占的比例越来越少,到最低值(4.69%);相反，技术含量高的企业所占的比例越来越大，达到最大值(32.03%)。在下降期，技术含量低的企业比例猛增到27.27%，而技术含量高的企业数量骤减到9.09%。由此可见，产品的技术含量是企业成长壮大的主要原因，也是企业发展状况的重要表现。它也可以作为区分各发展阶段的重要特征。

表6.14 不同发展阶段的企业产品技术含量情况统计(%)

发展阶段	创业期	成长期	多元发展期	成熟期	下降期	恢复期
技术含量低	16.67	15.75	12.38	4.69	27.27	9.09
技术含量一般	80.00	63.78	65.71	63.28	63.64	81.82
技术含量高	3.33	20.47	21.90	32.03	9.09	9.09
总计	100.00	100.00	100.00	100.00	100.00	100.00

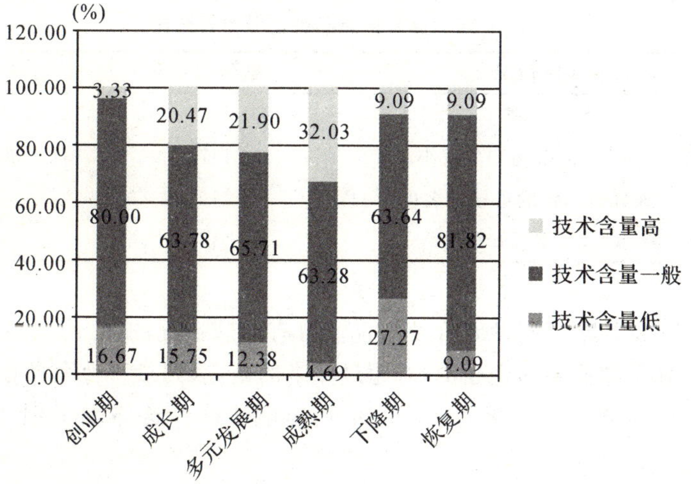

图6.17 不同发展阶段的企业产品技术含量情况统计

6.1.3.3 自有产品品牌情况分析

企业产品的自有品牌情况是决定它在市场上是否具有独立性的一个重要资源。调查结果显示，大约有31.42%的企业无自有品牌，另有同样比率的企业(30.18%)虽然有自有品牌，但市场知名度小。那些拥有市场知名度大的品牌的企业数量不到10%。

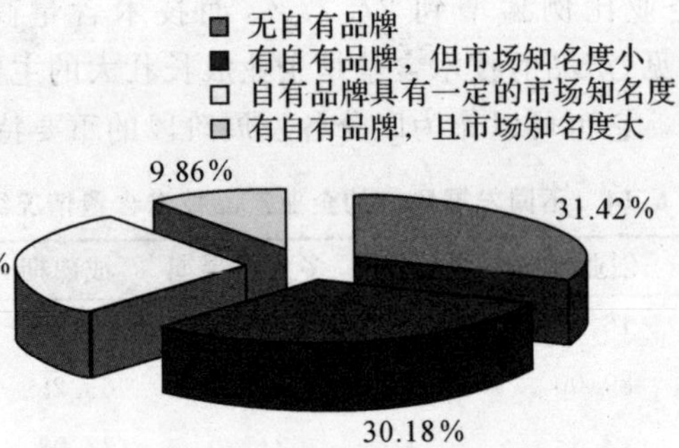

图 6.18　拥有自有品牌企业的百分比

表 6.15　拥有自有品牌企业的百分比

自有品牌情况	数量(户)	百分比(%)
无自有品牌	153	31.42
有自有品牌,但市场知名度小	147	30.18
自有品牌具有一定的市场知名度	139	28.54
有自有品牌,且市场知名度大	48	9.86

表 6.16 是处于不同发展阶段的企业自有品牌情况的统计结果。我们由此可以看出,处于创业期的企业中,有超过一半的企业(55.17%)无自有品牌,还有 37.93%的企业即使有自有品牌,但市场影响很小。这体现了创业期企业的特征。

从数据上看,企业创业之后的成长发展是与企业自有品牌的市场知名度高度相关的。随着企业从成长阶段、多元发展阶段到成熟阶段,拥有自有品牌且具有一定的市场知名度的企业数量迅速提升,如果加上自有品牌知名度大的企业,其百分比从成长期的 30.33%,增长到多元发展期的 45.54%和成熟期的 52.38%。相反,分析处于下降期的企业自有品牌建设情况,这些企业几乎都是由于无法摆脱无自有品牌或自有品牌市场影响很小的现状。可见企业的发展在很大程度上取决于它的自有品牌情况。那些满足于贴牌加工的企业,或缺乏市场知名度的企业往往只有短暂的生命力。

表 6.16 不同发展阶段的企业自有品牌情况统计

企业自有品牌情况	创业期	成长期	多元发展期	成熟期	下降期	恢复期
无自有品牌	55.17%	39.34%	20.79%	25.40%	54.55%	18.18%
有自有品牌,但市场知名度小	37.93%	30.33%	33.66%	22.22%	45.45%	54.55%
自有品牌具有一定的市场知名度	6.90%	22.95%	31.68%	39.68%	0.00%	27.27%
有自有品牌,且市场知名度大	0.00%	7.38%	13.86%	12.70%	0.00%	0.00%

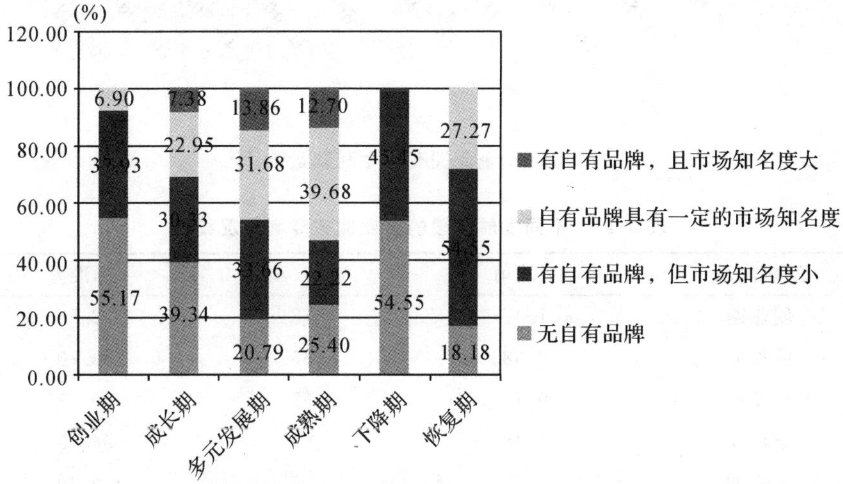

图 6.19 不同发展阶段的企业自有品牌情况统计

6.1.3.4 企业拥有专利数量

专利是一个企业智力资本的重要指标。图 6.20 是我们对 255 户企业拥有专利数的调查结果,有 34.67%的企业无任何专利,39.11%的企业拥有 5 项以内的专利。

企业拥有的专利情况是否与其所处的成长发展阶段存在关联呢?表 6.17 是不同发展阶段的企业拥有的专利数量统计。

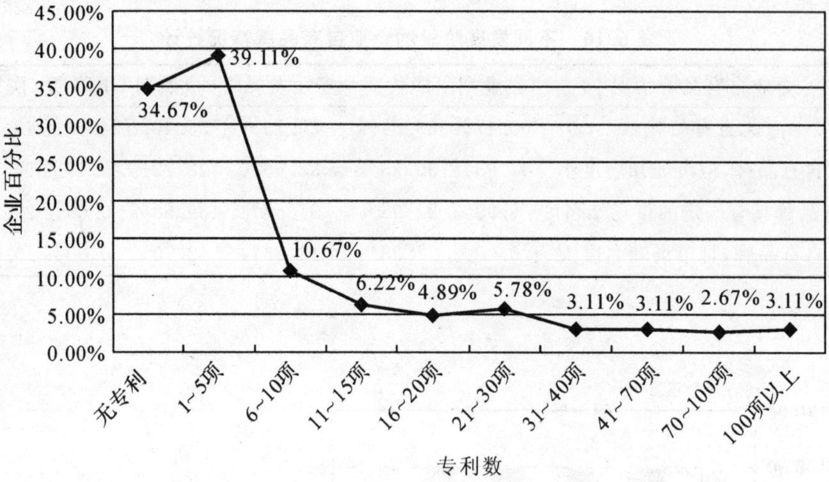

图 6.20　企业拥有的专利数量统计

表 6.17　不同发展阶段的企业拥有专利情况统计

发展阶段	平均值	数量(项)	标准差
创业期	1.47	17	2.55
成长期	6.38	65	13.70
多元发展期	19.74	57	50.23
成熟期	24.48	69	54.15
下降期	1.80	5	3.49
恢复期	8.00	9	9.60
总计	15.02	222	40.93

表中数据显示，我们所调查的企业中，处于创业阶段的企业平均而言，也有1.47 项专利；随着企业的成长发展，企业的专利数量也不断增加，成长期的企业平均拥有专利 6.38 项；进入多元发展期的企业专利数增长最快，平均达到19.74项；到了成熟期，企业平均拥有专利 24.48 项。

对照处于下降期的企业平均拥有专利数仅为 1.8 项，和创业期差不多，说明在企业成长发展过程中，拥有自主知识产权极其重要。

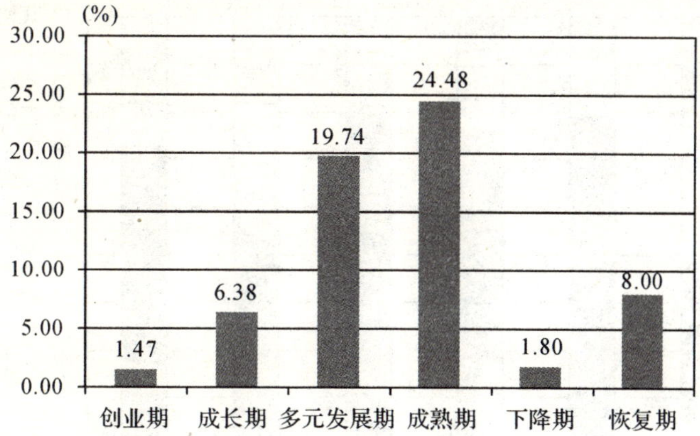

图 6.21 不同发展阶段的企业拥有专利情况统计

6.1.3.5 市场营销方式

表 6.18 统计了处于不同发展阶段的企业的主要市场营销方式。在这里，我们把直销定义为企业自己直接向终端客户销售产品的模式，而代理分销则是通过发展代理商、构建销售网络来实现产品的销售。直销显然是一种成本较低、相对易行的销售方式。

表 6.18 数据显示，企业在创业期，市场营销力量还处于起步阶段，各种销售方式混杂，尚未形成一个系统。而从成长期开始，企业的销售方式逐渐系统化，大部分企业(45.16%)形成了以“直销和代理分销”相结合为主的销售模式，并在随后多元发展期和成熟期得到延续。

表 6.18 不同发展阶段的企业市场营销方式统计

市场营销方式	创业期	成长期	多元发展期	成熟期	下降期	恢复期
完全直销	27.27%	33.87%	27.36%	39.23%	27.27%	27.27%
直销和代理分销	21.21%	45.16%	48.11%	42.31%	36.36%	45.45%
二级代理分销	24.24%	12.10%	14.15%	8.46%	9.09%	9.09%
多级代理分销	12.12%	4.84%	4.72%	5.38%	9.09%	0.00%
其他方式	15.15%	4.03%	5.66%	4.62%	18.18%	18.18%

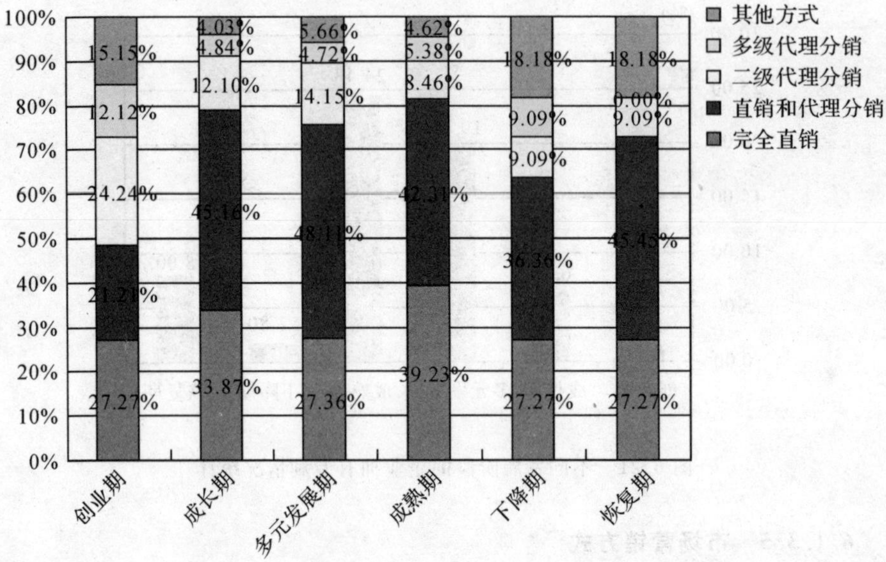

图 6.22　不同发展阶段的企业市场营销方式统计

6.1.3.6　客户的稳定性

稳定的优质客户资源是企业的生命支柱。由表 6.19 可见，大部分创业期的企业客户稳定性不高，只有半数多一点的企业(52.78%)认为自己拥有具有一定稳定性的客户。成长期的特点是客户稳定性迅速增加，达到 86.26%，在随后的多元发展期和成熟期，进一步发展并稳定在一个很高的水平上，分别为 89.31% 和 93.34%。

表 6.19　不同发展阶段的企业客户稳定性统计

客户稳定性	创业期	成长期	多元发展期	成熟期	下降期	恢复期
很稳定	16.67%	19.08%	19.27%	25.19%	0.00%	9.09%
比较稳定	36.11%	67.18%	70.64%	68.15%	54.55%	72.73%
一般	27.78%	12.21%	10.09%	5.93%	18.18%	18.18%
不太稳定	19.44%	1.53%	0.00%	0.74%	27.27%	0.00%

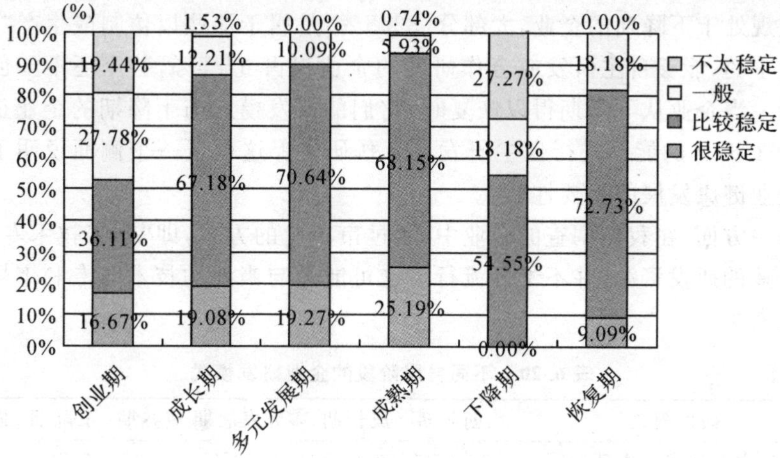

图 6.23　不同发展阶段的企业客户稳定性统计

6.1.4　研究与开发资源

企业的研究与开发能力是企业发展的重要资源，我们从企业的研发模式与研发机构情况分析一个企业的研究与开发资源，而研发人员的情况则作为企业人力资源的部分加以分析。

6.1.4.1　研发模式

我们将企业的研发模式分为"自主开发或合作开发"、"仿制或生产技术已成熟'大路'产品"和"购买技术专利"三种。其中无研发力量的企业往往只能通过仿制或者生产那些技术已成熟的"大路"产品，而能够"自主开发或合作开发"的企业意味着它的研发力量比较强。而"购买技术专利"则是对研发力量和资金力量的综合体现。

表 6.20 是处于不同发展阶段的企业的研发模式分布，其中的数据显示，处于创业期的企业研发资源有限，一般以上的企业(53.33%)主要采取以仿制或生产技术已成熟的"大路"产品。但是，也有 46.67%的企业拥有"自主开发或合作开发"能力。这从一定程度上体现了当前以知识为核心的经济形势下知识型企业家的创业特征。进入成长期的企业，其研发力量逐步加强，自主开发或合作开发的研发模式占据主导(57.26%)，到多元发展期和成熟期，企业的自主研发或

合作研发又得到进一步的提升，保持在70%以上。

反观处于下降期的企业，大部分(62.5%)是属于那些以仿制或生产"大路"产品为主的，能够自主研发或合作研发的企业仅占37.5%，甚至还不如创业期的企业。当企业从下降期得以恢复时，它们的研发模式与下降期的企业正好相反，有63.64%的能够进行自主研发或合作研发。这也从一个侧面说明了研发对于企业健康发展的重要性。

另一方面，在我们调查的企业中，通过市场化的方式，即"购买技术专利"来充实企业的研发资源，并不十分流行。这可能是与当地的技术与专利市场的发展程度有关。

表6.20　不同发展阶段的企业研发模式

研发模式	创业期	成长期	多元发展期	成熟期	下降期	恢复期
自主开发或合作开发	46.67%	57.26%	70.59%	76.67%	37.50%	63.64%
仿制或生产技术已成熟大路产品	53.33%	37.61%	19.61%	21.67%	62.50%	27.27%
购买技术专利	0.00%	5.13%	9.80%	1.67%	0.00%	9.09%

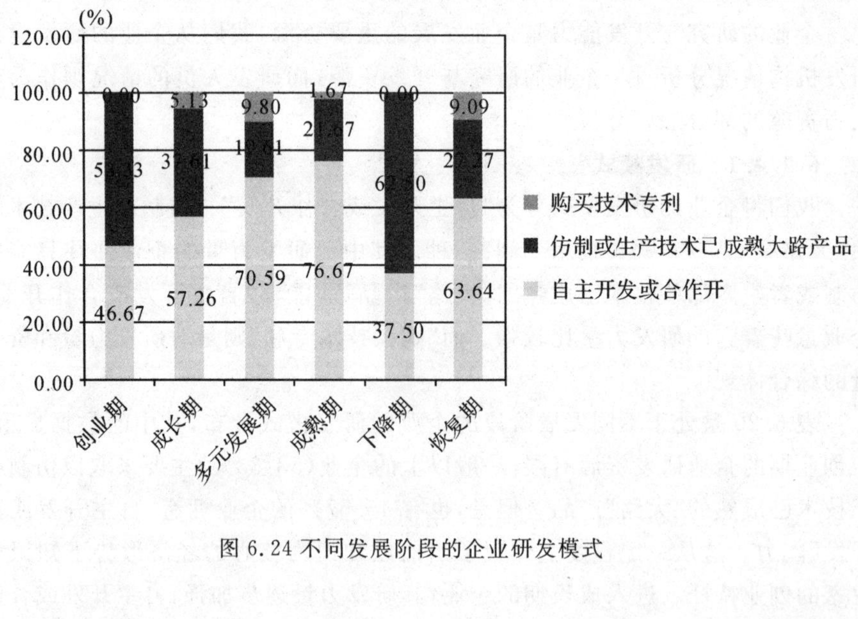

图6.24不同发展阶段的企业研发模式

6.1.4.2 研发机构

表6.21是企业在不同发展阶段研发机构的设置情况。显然，在创业期，绝大多数企业(61.29%)并未设立专门的研发机构，有35.48%的企业设立了专门的产品研发机构。进入成长期，设有专门研发机构的企业数量上升为45.76%；到了多元发展期和成熟期，这一数据进一步上升并保持在60%以上。这说明企业的自主研发力量是与其成长发展密切相联系的。

分析处于下降期的企业研发机构情况，自主研发力量的重要性就更明确了。这些企业中有72.73%是无专门的研发机构，该比率甚至显著高于创业期的企业。这说明了企业产品的研发速度跟不上产品生命周期，是企业走下坡路的重要原因。

表6.21 不同发展阶段的企业研发模式

研发机构	创业期	成长期	多元发展期	成熟期	下降期	恢复期
无专门的研发机构	61.29	49.15	31.07	28.46	72.73	54.55
设立了专门的产品研发部门	35.48	45.76	65.05	60.16	27.27	36.36
与高校或科研机构合作	3.23	5.08	3.88	11.38	0.00	9.09

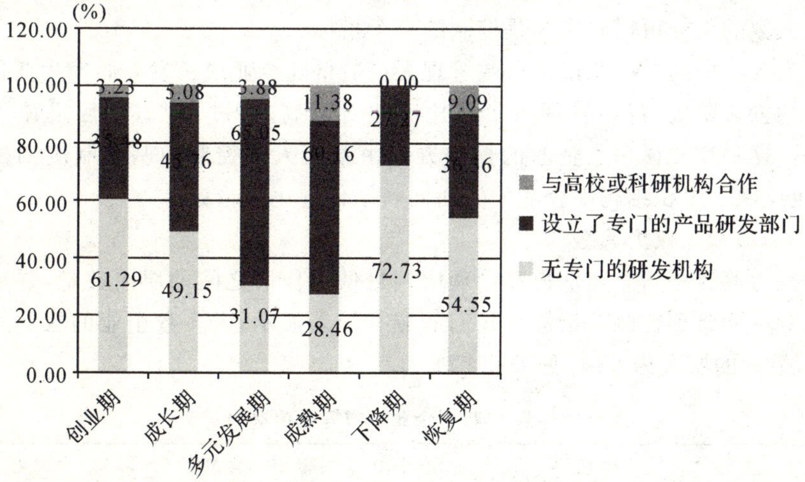

图6.25 不同发展阶段的企业研发模式

第2节 宁波不同生命周期阶段的企业资源管理情况分析

企业拥有的资源丰富与否固然是企业发展的重要前提,但是企业的健康发展也离不开资源的利用模式及其管理。企业如果没有形成一套良好的资源管理和利用体系,很可能无法有效地利用已有的资源博取发展空间。

根据相关的理论研究,我们可从控制系统和质量管理两个方面分析企业的资源管理和利用模式与管理。

6.2.1 企业控制系统的分析

一个企业的控制系统可以从三个方面来衡量:企业人员结构中承担管理控制职能的人员的比率,组织从最高管理层到最低操作层之间的权力层次,决策的集中化程度。

6.2.1.1 管理控制职能人员比率

在企业中,行政管理人员作为主要的操作控制职能承担者,他们的人数占企业总人数的份额可以看作为是控制的一个指标。

表6.2中的数据指出了行政管理人员数量随企业成长发展而发生变化。在企业的创业阶段,行政管理人员的比率相对较高,超过17%,随后迅速下降到14%。这一变化说明了企业的控制方式由基于人的控制向基于制度的控制转变,也反映了组织结构随企业发展而向扁平化进化的趋势。

6.2.1.2 权力等级

权力等级是指企业从最高管理层到最低操作层之间的层次数量,是衡量一个企业纵向管理控制的指标。我们的调查结果显示,大多数企业的权利等级为3层,最大的层次为6级(见表6.22)。

表6.22 企业权力等级情况

	平均值	最小值	最大值	众数
权力等级	3.07	1	6	3

6.2.2 企业管理规范化分析

我们从三个方面来定义企业管理的规范化程度:质量管理与标准化,组织结构、职责与制度的明确性,企业业务流程的规范化。

6.2.2.1 质量管理与标准化

质量管理与标准化反映的是企业通过生产经营过程的规范化来实现其质量的要求。我们通过企业的质量管理体系认证情况、质量管理机构与制度的健全程度两个方面来分析。

1)质量管理体系认证情况

企业是否通过质量管理体系认证,从一个角度反映了它在生产过程的规范性。调查结果显示(见图 6.26),63.77%的企业已经通过各种形式的质量认证,7.74%的企业正在申请质量认证,28.49%的企业暂无任何认证。

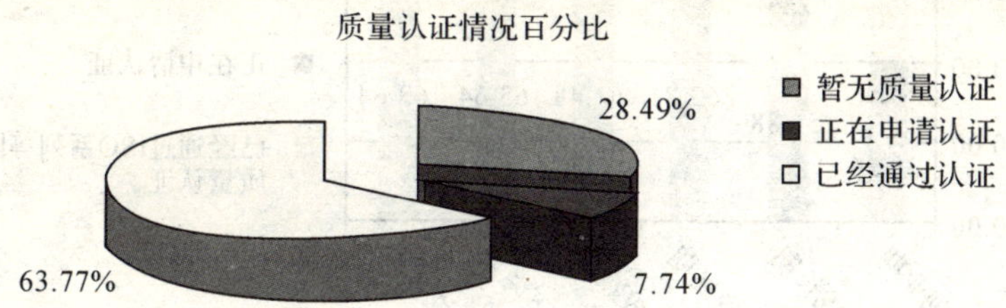

图 6.26 企业质量管理体系认证现状

结合不同发展阶段的企业在质量管理体系的认证情况,进一步分析质量管理的规范化与企业发展的关系。表 6.23 的数据表明,超过一半的创业期企业(58.33%)没有任何质量体系认证。进入成长期的企业,出于其对生产质量控制的需要,企业逐步引进质量管理体系,通过各类质量体系认证的企业比率上升到 59.4%。多元发展期或许是企业最需要加强控制的阶段,有 73.33%的企业通过了各种形式的质量体系认证。到成熟期,通过各类质量认证体系的企业保持在 70%以上(70.31%)。

表 6.23　不同生命周期阶段的企业质量管理现状　(%)

发展阶段	创业期	成长期	多元发展期	成熟期	下降期	恢复期
已经通过 ISO 系列等国际质量认证	30.56	51.88	63.81	61.48	63.64	63.64
正在申请认证	11.11	7.52	5.71	8.15	0.00	18.18
暂无质量认证	47.22	33.08	20.95	23.70	27.27	9.09
通过其他认证	11.11	7.52	9.52	6.67	9.09	9.09
总计	100.00	100.00	100.00	100.00	100.00	100.00

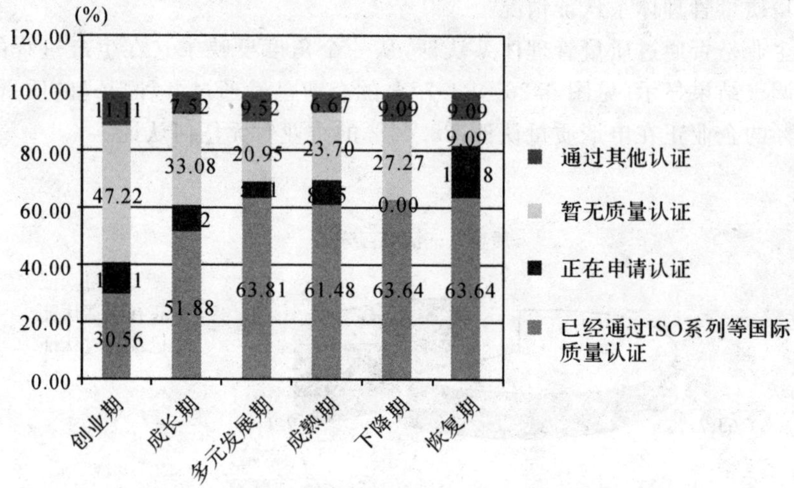

图 6.27　不同生命周期阶段的企业质量管理现状

2)质量管理机构与制度的健全程度

图 6.28 是我们调查的企业质量管理机构与制度的健全情况。总体来看，这些企业的质量管理机构和制度建设是令人满意的，有 47.75%的企业有健全的质量管理机构和制度，只有 8.05%的企业认为自己在这方面不够健全。进一步分析质量管理机构和制度建设与企业成长发展的各阶段的关联性，数据见表 6.24。

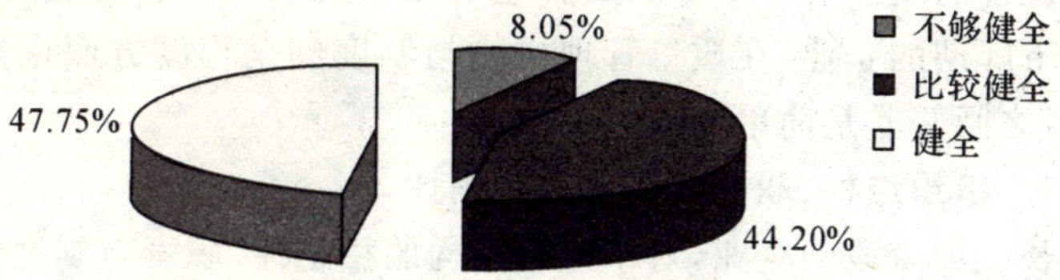

图 6.28 企业质量管理机构的健全情况

表 6.24 质量管理机构和制度建设与企业发展阶段的关联性分析(%)

发展阶段	创业期	成长期	多元发展期	成熟期	下降期	恢复期
健全	37.50	46.92	48.15	50.00	45.45	36.36
比较健全	45.00	41.54	48.15	42.65	54.55	54.55
不够健全	17.50	11.54	3.70	7.35	0.00	9.09

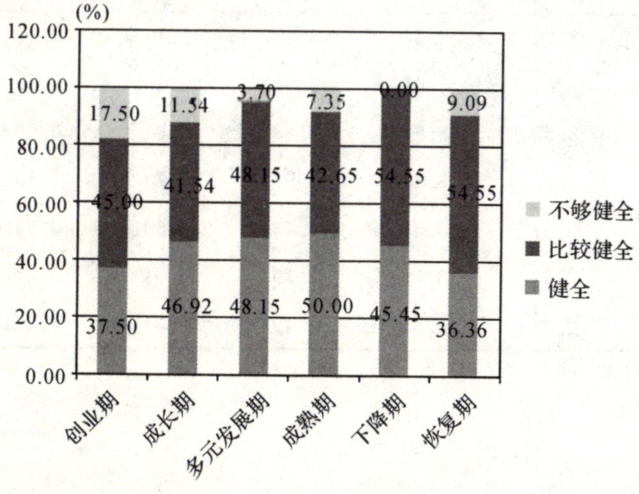

图 6.29 质量管理机构和制度建设与企业发展阶段的关联性分析

由表 6.24 的数据可见，企业的成长发展阶段与其质量管理机构与制度的健全程度密切联系。创业期的企业在质量管理的机构和制度建设上相对薄弱些，回答为不够健全的企业有 17.5%，随后这个比率直线下降。但是我们也发现，即使是处于下降期的企业，在质量管理机构与制度健全程度方面也是评价较高的，说明两者之间并非是简单的线性关系。

6.2.2.2 组织结构、职责与制度的明确性

不同成长发展阶段的企业，对于组织结构的稳定性、职责与制度的明确性也会表现出不同。表 6.25 是不同发展阶段的企业在这几个方面表现出的不同及方差分析。

由表 6.25 中数据可见，除了“组织结构稳定性”未表现出发展阶段之间的差异外，其余各维度都表现出共同的变化趋势，即在创业阶段，企业“管理活动的制度依赖度”、“工作职责界定明确性”、“职一权匹配”和“决策权界定”都相对较低，成长期大幅上升，并在随后的多元发展期保持稳定，在成熟期进一步得到提升。处于下降期的企业在这些方面的表现普遍较低。

表 6.25　不同发展阶段的企业在组织结构、职责与制度明确性的差异及方差分析

管理活动的制度依赖度	工作职责界定明确	职一权匹配	决策权界定	组织结构稳定性	
创业期	3.22	3.27	3.53	3.18	3.19
成长期	3.54	3.64	3.91	3.46	3.32
多元发展期	3.55	3.61	3.88	3.64	3.26
成熟期	3.75	3.80	3.99	3.73	3.19
下降期	3.67	3.53	3.43	3.30	3.23
恢复期	3.67	3.79	3.79	3.61	3.24
F	2.485*	2.541*	2.499*	3.341**	0.271

注：*：$p<0.05$；**：$p<0.01$

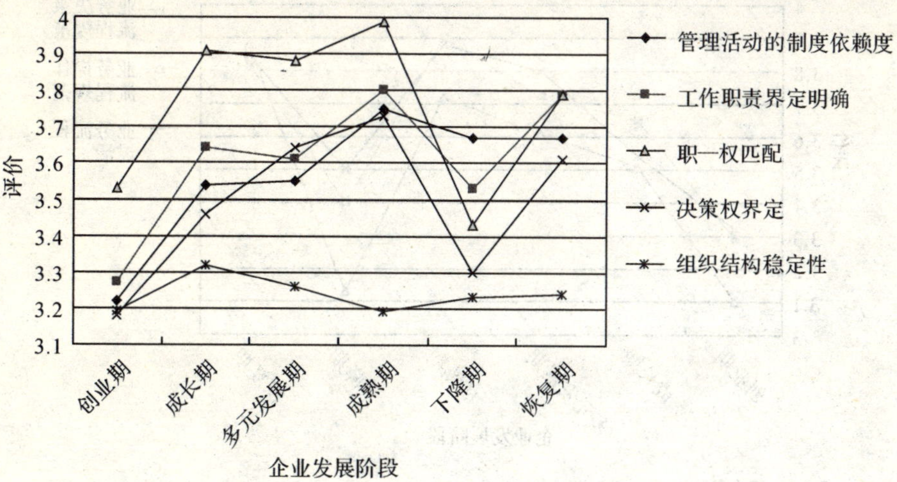

图 6.30 不同发展阶段的企业在组织结构、职责与制度明确性的差异

6.2.2.3 企业流程的规范化

企业流程规范化主要从决策流程规范化、业务操作流程规范化和业务流程灵活性三个角度进行考察。表 6.26 是我们调查的企业在不同发展阶段的流程规范性统计。显然，随着企业的成长发展，决策和业务操作流程规范化都表现出持续的显著改善($p<0.01$)。

表 6.26 不同发展阶段企业间的流程规范化差异及方差分析

	业务决策流程规范	业务操作流程规范	业务流程灵活
创业期	3.29	3.10	3.32
成长期	3.65	3.51	3.54
多元发展期	3.72	3.61	3.80
成熟期	3.90	3.72	3.88
下降期	3.40	3.13	3.50
恢复期	3.82	3.88	3.85
F	4.029**	4.573**	5.126**

注：** :$p<0.01$

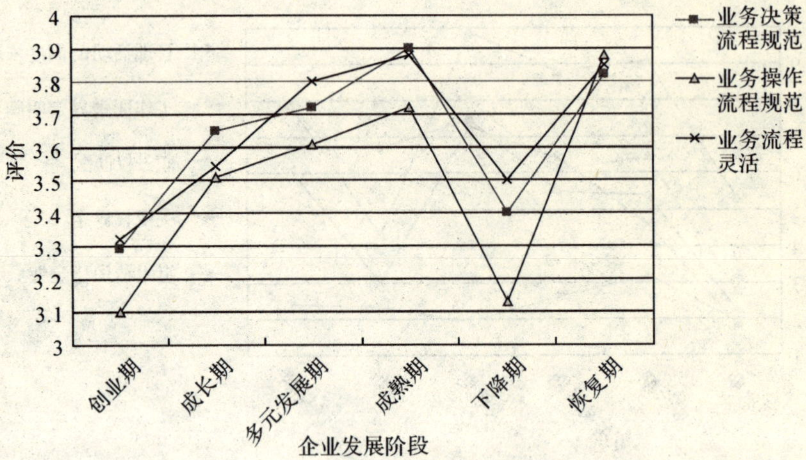

图 6.31　不同发展阶段企业间的流程规范化差异

第 7 章　宁波企业生存环境现状与分析

第 1 节　企业生存环境及其结构分析

7.1.1　二维环境功能结构

企业作为宏观经济环境下的一个微观市场主体，其生存和发展不可能独立于环境。不同的理论从各个角度探讨了组织与环境之间的关系，归纳起来，我们认为环境对于市场主体成长发展的作用主要表现在两个方面：拥有市场主体发展所需的资源和通过对市场主体必须遵循的行为规则定义来实现秩序。

环境是市场主体成长发展的资源供应源。任何一个市场主体在其成长与发展过程中，都需要从环境中获得各种资源，因此以普费弗（Jeffrey Pfeffer）与萨兰奇克（Gerald Salancik）为代表的资源依赖理论（Resource Dependence Theory）提出，环境中包含了与组织生存密切相关的稀缺资源，任何组织都通过与环境的不断交互作用获取其中的资源，并整合到它的经济活动之中。组织与环境的这种关系或许用“相互适应”来描述是最适当的，即只有那些与环境相适应的组织才能健康成长发展，而那些不适应的组织或者是消亡了，或者离开了该环境。

根据相关的研究，我们倾向于把与市场主体生存与发展相关的环境性资源分为如下三个方面：

基础资源：是那些与企业所处环境中的基础性的资源状况，包括当地的水、电交通运输等基础设施，与当地的人文环境和思想观念相关的文化与观念资源，以及社会保障体系和已形成的区域产业环境。这类基础资源是企业生存和发展的最基本的资源。

人力资源：对于任何一个企业而言，人力资源是最重要的部分——外源性生产要素。企业需要从所处的环境中获得与其战略发展需求一致的人力资源。我们从当地“人才市场的普通劳动力供应情况”、“技术、管理人才供应情况”、“企业所在区域劳动力成本情况”三个方面分析人力资源状况。

金融与技术资源：资本与技术资源也是生产要素的重要组成部分，企业的每一步发展都需要资本和技术的支撑。所以，市场主体可能得到的融资渠道和金融机构贷款情况反映了该区域的金融环境，而技术和教育环境因素则体现了技术资源。

环境的第二个功能在于它规定了市场主体行为的秩序。经济的健康发展离不开一个公平竞争的、建立在规则基础上的、有序的、法制的市场经济环境，这就好像新制度理论提出的制度环境的作用，市场主体的行为必须遵循环境特定的制度和规范，服从“合法性”的要求。

我们从这个角度把环境区分为法制环境、政策环境和市场环境三个方面。其中“法制环境”包含了社会治安状况、企业合法权益保障体系、法律法规完善情况和是否依法办事，公平、公正、透明的行政执法情况。“政策环境”包括优惠政策及其落实情况、政府宏观指导和支持情况等；“市场环境”则主要体现在产业环境、企业经营秩序和行业协会及其职能等方面。

对任何一个市场环境，我们可以根据上述的两个环境功能，即资源功能与秩序功能来加以分析，并形成如图 7.1 所示的四类不同的环境。

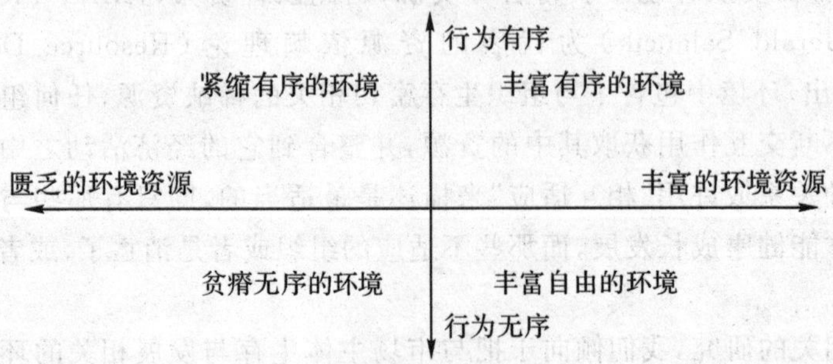

图 7.1 二维环境功能结构

贫瘠无序的环境：环境资源匮乏、市场主体的行为无序，因此，它们的生存和发展随机性大，表现出小规模的自生自灭现象。

丰富自由的环境：资源丰富、行为无序，在这样的环境下，企业之间往往会出现无规则的过度竞争现象，因此，它们的生命周期比较短。

紧缩有序的环境：资源匮乏、行为有序，市场主体表现出"营养不良"，缺乏生命活力，发展步伐缓慢或几乎停止。在这样环境下，企业通常是在生命线上长期挣扎，发展缓慢。

丰富有序的环境：市场主体的生命力旺盛，竞争有序，能够通过规范的竞争实现自我更新、优胜劣汰。

7.1.2 二维环境功能结构的实证研究

为了在实际数据的基础上进一步验证上述提出的二维环境功能结构模型，我们采用线性结构关系分析软件(LISREL)对环境变量进行了验证性因素分析。表7.1是二维环境功能结构模性的数据拟合良好性检验结果，χ^2 和 CFI 都说明了实际数据对理论模型的良好拟合。

表 7.1 线性结构方程模型拟合良好性检验

χ^2	df.	RMSEA	GFI	CFI
563.769	112	0.085	0.89	0.888

图7.2是二维环境功能结构的高阶因素分析结果，图中的数据均为标准化的线性结构系数。其中，二阶因素"环境资源"和"环境秩序"与一阶因素之间的线性结构系数均在0.65以上，表示资源和秩序的各个一阶因数与测量变量之间的结构系数也为0.44，说明我们关于企业环境的二维功能结构无论在测量上，还是在概念结构上，都具有较高的有效性。

第2节 宁波市场主体环境资源与秩序分析

通过对宁波564户企业的现场问卷调查，系统分析和评价宁波市场主体的环境资源状况。

7.2.1 环境资源分析

7.2.1.1 基础资源状况分析

表7.2是宁波市场主体的基础资源数据统计。从表中可以看到，多年来宁波在基本建设和投资环境方面做了大量工作，取得了显著成效。宁波的企业对

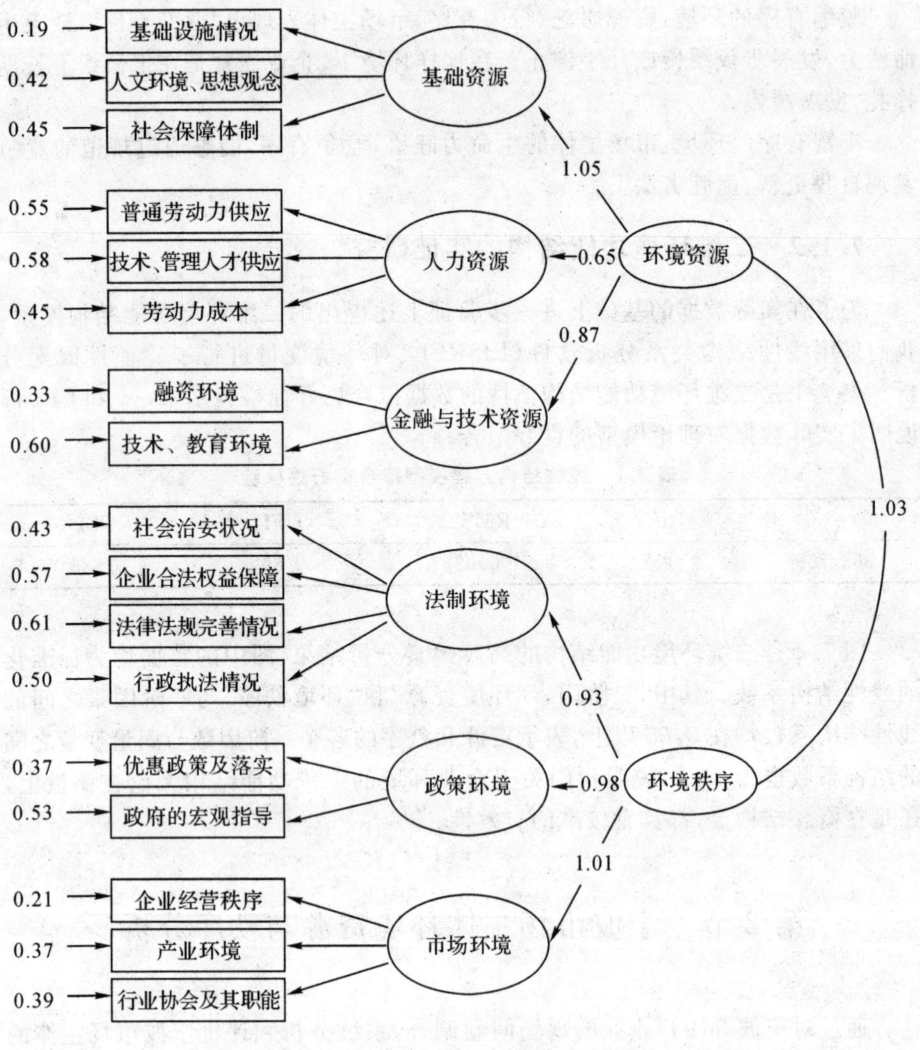

图 7.2　二维环境功能结构的验证性高阶因素分析

于物质性的基础设施资源，如水、电、交通运输和产业环境等方面评价很高，其中有74.22%的企业认为宁波的水、电、交通运输等基础设施建设很好和较好，认为宁波产业环境很好和较好的企业也达到56.36%。

表 7.2　企业环境的基础资源状况统计

企业环境基础资源	很好	较好	一般	较差	很差
水、电、交通运输等基础设施情况	28.15	46.07	23.95	1.83	0
当地的人文环境和思想观念	12.91	41.27	40.91	3.45	1.45
社会保障体制	13.43	39.93	41.38	4.72	0.54
区域产业环境	11.09	45.27	39.82	3.82	0

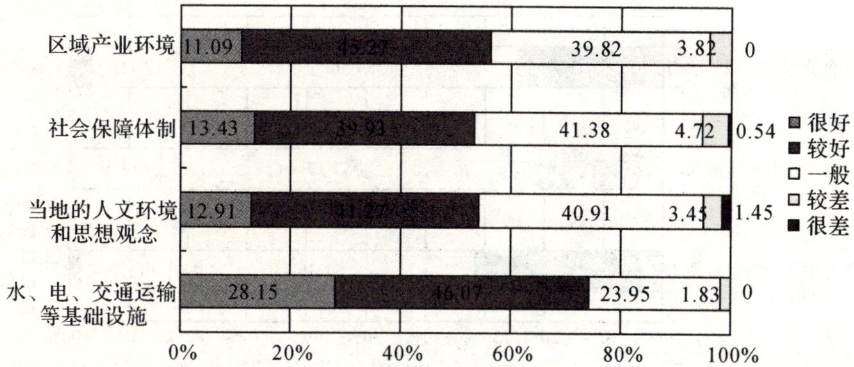

图 7.3　企业环境的基础资源状况统计

相对而言，与人文和社会相关的基础资源方面，企业的评价显得略低。约46%的企业对宁波的“人文环境和思想观念”和“社会保障体制”作出了一般或更低的评价。

7.2.1.2　人力资源

宁波的人力资源供应状况是我们调查中最令人焦虑的方面。表 7.3 的结果可见，调查样本中，只有三分之一不到的企业(31.58%)对“人才市场一般的劳动力供应情况”给予了积极的评价；“技术、管理人才供应情况”更差一些，仅27.27%的企业作出了积极评价；“劳动力成本”成为许多企业忧虑的问题，仅24.63%的企业给予了积极评价。

表 7.3 企业环境的人力资源状况统计

企业环境的人力资源状况统计	很好	较好	一般	较差	很差
人才市场的普通劳动力供应情况	3.81	27.77	51.36	15.06	2.00
技术、管理人才供应情况	4.00	23.27	57.27	14.36	1.09
企业所在区域劳动力成本情况	3.28	21.35	54.56	17.15	3.65

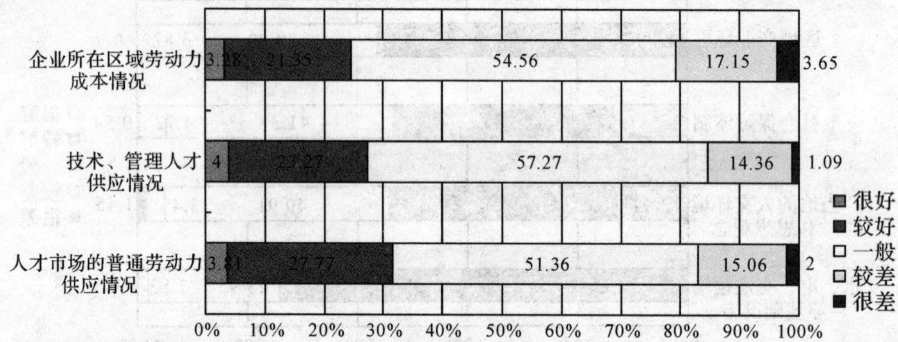

图 7.4 企业环境的人力资源状况统计

7.2.1.3 金融与技术资源

表 7.4 的结果表明，宁波企业对所处环境的金融与技术资源的评价也不高。调查样本中，作出积极评价的企业仅为 45％左右，其中约 56.03％的企业认为宁波的融资环境一般或更差，46.37％企业对技术和教育环境的评价为一般及以下。

表 7.4 企业环境的金融与技术资源状况统计(％)

企业环境的金融与技术资源状况统计	很好	较好	一般	较差	很差
融资环境：融资渠道、金融机构贷款情况	7.66	36.31	44.16	9.12	2.74
技术和教育环境	8.55	37.82	46.55	6.55	0.55

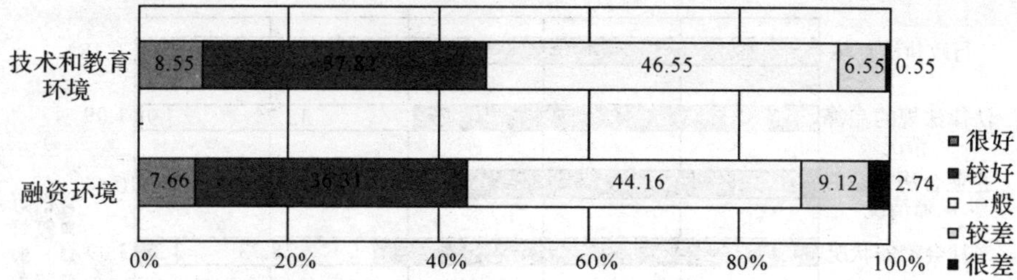

图 7.5 企业环境的金融与技术资源状况统计

7.2.2 宁波市场主体的环境秩序分析

7.2.2.1 法制环境

宁波法制环境四个方面的调查数据见表 7.5。总体而言，宁波的法制环境比较好。约 65%的企业认为宁波的社会治安状况很好或较好，对政府的行政执法情况也作出了积极的评价；宁波的“依法办事，公平、公正、透明执法”情况也得到了企业的广泛肯定，作出积极评价的企业达 71.32%。法制环境的另外两个方面，“企业合法权益的保障情况”和“法制环境：法律法规的完善情况”，尽管略低于前两个方面，但也还是得到企业较高的肯定，作出积极评价的企业接近 60%。

表 7.5 企业法制环境状况评价结果统计(%)

企业法制环境状况评价结果统计	很好	较好	一般	较差	很差
社会治安状况	17.27	47.64	28.73	3.27	3.09
企业合法权益的保障情况	12.12	47.20	34.90	5.24	0.54
法制环境：法律法规的完善情况	13.61	45.55	35.75	3.99	1.09
行政执法情况：依法办事，公平、公正、透明的执法环境	23.18	48.18	26.46	2.01	0.18

7.2.2.2 政策环境

对于宁波政策环境的评价明显不如法制环境。在接受调查的企业中，仅 48.54%对“优惠政策及落实情况”作出积极评价，51.81%的企业认为宁波“政府宏观指导和支持情况”很好或较好。

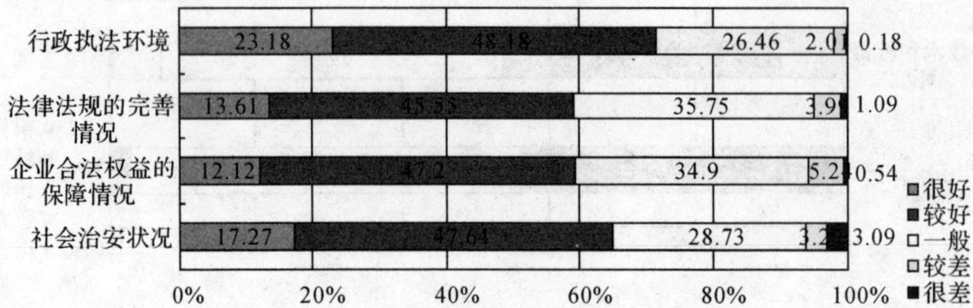

图 7.6　企业法制环境状况评价结果统计

表 7.6　企业政策环境状况评价结果统计(%)

	很好	较好	一般	较差	很差
优惠政策及落实情况	8.21	40.33	42.52	5.84	3.10
政府宏观指导和支持情况	14.36	37.45	40.91	5.64	1.64

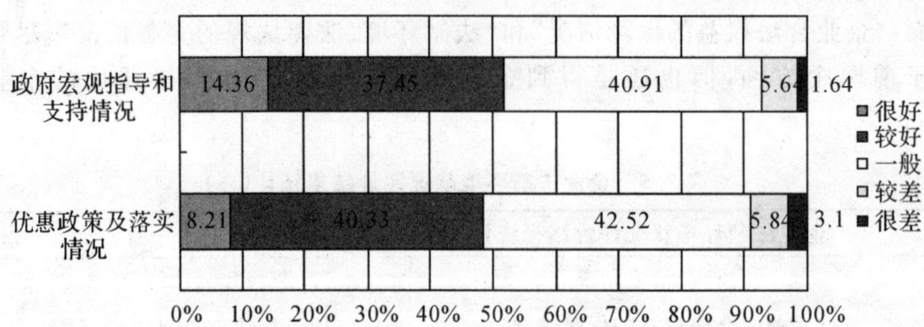

图 7.7　企业政策环境状况评价结果统计

7.2.2.3　市场环境

表 7.7 是宁波市场主体市场环境相关方面的调查数据统计结果。总的来看，企业对于宁波的市场环境作出了中度评价，大约有 56%的企业对宁波的“产业环境”和“行业协会及其职能”作出了积极评价，但是对于宁波的“企业经营秩序”评价偏低，只有不到一半的企业评价很好或较好。

表 7.7 企业市场环境状况评价结果统计 (%)

企业市场环境状况评价结果统计	很好	较好	一般	较差	很差
企业经营秩序(无序竞争)	7.13	42.05	40.40	7.86	2.56
产业环境	11.09	45.27	39.82	3.82	0
行业协会及其职能	15.68	41.51	36.35	6.09	0.37

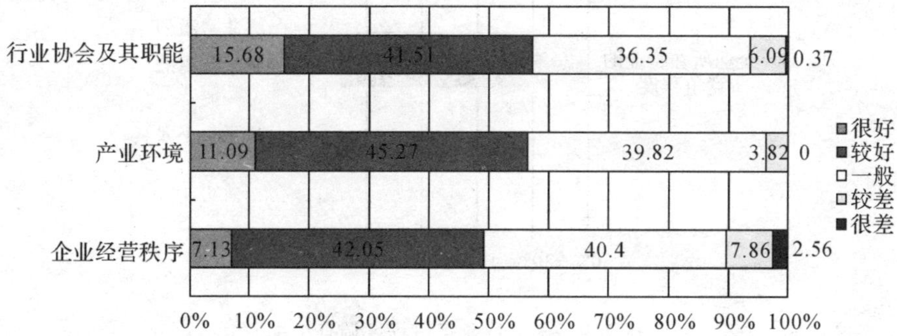

图 7.8 企业市场环境状况评价结果统计

7.2.3 宁波经营环境的综合评价分析

除了上述的两个维度的成长发展环境分析外,我们还对宁波其他的环境变量进行了分析。这些变量包括企业的负担大小,企业所在行业的竞争程度,配套企业的情况,以及行业相关的进入和退出障碍。

企业负担:从表 7.8 中的调查结果来看,对于企业负担做出积极评价的企业比率很小,仅为 32.36%;有 13.54%的企业认为负担情况很差和较差。看来,为企业减负是当前宁波需要解决的一项急迫任务。

表 7.8 宁波企业政策环境状况评价结果统计(%)

宁波企业政策环境状况评价结果统计	很好	较好	一般	较差	很差
企业的负担情况	5.27	27.09	53.09	11.27	3.27

行业竞争程度:图 7.9 是行业竞争程度的调查结果。有 30.34%的企业认

为本行业的竞争非常激烈，有59.41%的企业认为本行业的竞争比较激烈，两者合计为89.75%。竞争是市场经济的基本特征，一定程度的竞争有利于企业的优胜劣汰，有利于企业的自身发展与完善，但前提是竞争必须合法有序。由于不正当的、无序的竞争造成的过度竞争对于健康的市场经济是有害的。

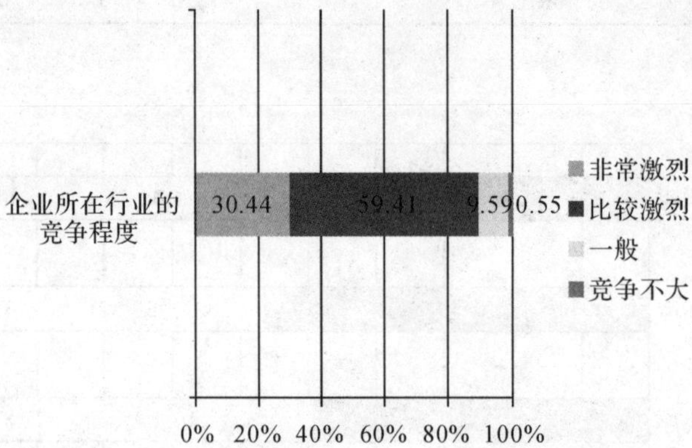

图7.9　宁波行业竞争程度调查结果

配套企业的情况：对于配套企业的情况调查也得到了令人满意的结果。图7.10的数据表明，有84.25%的企业认为"配套企业的情况"令人满意或一般，说明经过前几年的产业群集建设，宁波已经形成了一个围绕某些产业的合理结构和布局，以及相对比较合理的生产和经营供应链，企业发展所需的基本资源可以实现本地化，从而能够有效地减少企业的生产和经营成本。

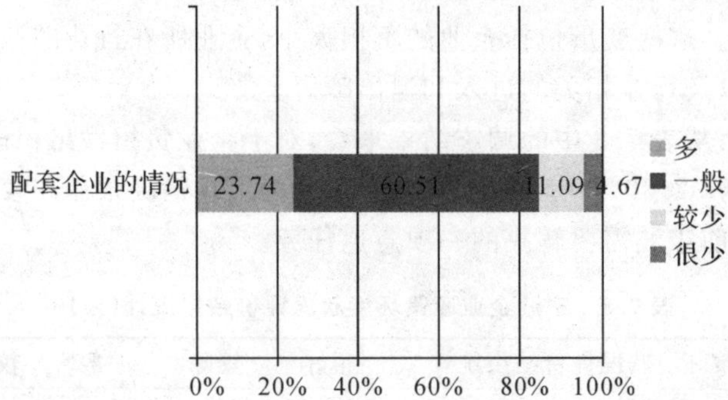

图7.10　宁波配套企业的情况调查结果

行业的进入和退出障碍：如图 7.11 所示，只有 9.38%的企业认为本行业的进入和退出障碍很小，将近三分之一（32.82%）的企业认为本行业的进入和退出障碍较大。

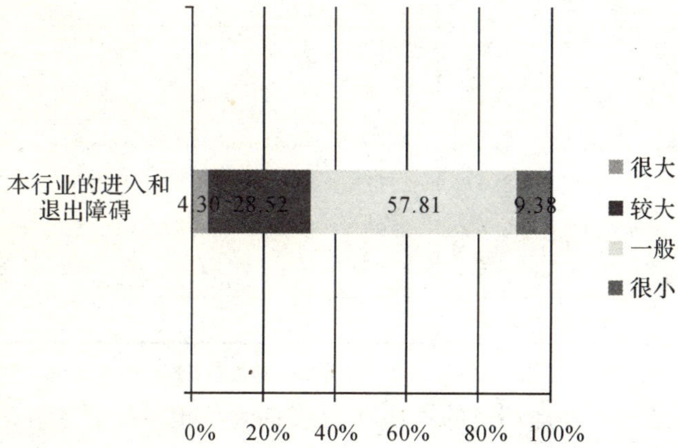

图 7.11　宁波行业进入和退出障碍情况调查

7.2.4　不同生命周期阶段的企业对宁波的环境评价

处于不同生命周期阶段的企业，对于两类环境功能的依赖性也是有差异的，因此我们采用李克特 5 点量表计分法分别统计了不同生命周期阶段的企业对外部环境的评价，结果列于表 7.9 和表 7.10。

表 7.9 的数据再次显示了宁波环境资源功能中人力资源供应状况的问题，三个评价最低的指标几乎都是与人力资源供应相关的。另一方面，对于创业期的企业，融资环境也是评价最低的指标之一。

从表中右侧的均值来看，创业期的企业对宁波的环境资源功能评价最低（2.13），其次是恢复期、下降期和成长期的企业。这些结果表明，以前或许更多的是以发展期和成熟期的企业为中心建设外部环境，而对于创业期和成长期企业的环境需求特征，以及下降期和恢复期企业状况考虑不足。

表 7.9 企业外部环境的资源功能评价

生命周期阶段	基础资源			人力资源			金融与技术资源		均值
	基础设施	人文环境	社会保障体制	劳动力供应	技术和管理人才供应	劳动力成本	融资环境	技术和教育环境	
创业期	2.55	2.19	2.32	2.19	1.88	2.00	1.79	2.12	2.13
成长期	2.91	2.58	2.45	2.05	2.04	1.94	2.22	2.38	2.32
发展期	3.06	2.72	2.83	2.23	2.21	2.1	2.42	2.66	2.53
成熟期	3.28	2.68	2.67	2.17	2.27	2.04	2.57	2.47	2.52
下降期	2.90	2.82	2.45	2.00	1.55	1.45	2.55	2.45	2.27
恢复期	2.82	2.36	2.55	2.00	1.91	1.55	2.36	2.45	2.25
总评价	3.02	2.61	2.6	2.14	2.12	1.99	2.35	2.46	2.41

注:表中数据为 5 点量表计量,其中,1、2、3、4、5 分别表示很差、较差、一般、较好、很好。

表 7.10 是企业外部环境的秩序功能及企业负担情况评价。表中的数据展示,处于各个生命周期阶段的企业都认为"企业经营秩序"、"优惠政策及其落实"、"政府宏观指导和支持"三个环境秩序功能方面不够理想,企业的评价均值为2.41、2.45和2.59。

表 7.10 企业外部环境的秩序功能及企业负担情况评价

生命周期阶段	法制环境			政策环境			市场环境		均值	企业负担
	社会治安	行政执法情况	法律法规的完善情况	优惠政策及落实	政府宏观指导和支持	企业权益保障	企业经营秩序	产业环境	行业协会及其职能		
创业期	2.28	2.67	2.21	2.21	2.05	2.21	2.17	2.33	2.37	2.28	1.98
成长期	2.67	2.77	2.58	2.35	2.50	2.58	2.36	2.53	2.56	2.54	2.08
发展期	2.95	3.08	2.80	2.52	2.80	2.76	2.57	2.79	2.72	2.78	2.26
成熟期	2.80	2.99	2.75	2.60	2.66	2.83	2.46	2.73	2.77	2.73	2.26
下降期	3.00	3.00	3.09	2.55	2.55	2.45	1.91	2.36	2.64	2.62	1.82
恢复期	2.73	2.73	3.00	2.09	2.55	2.64	2.36	2.55	2.64	2.59	2.00
总评价	2.75	2.91	2.68	2.45	2.59	2.66	2.41	2.63	2.65	2.64	2.16

注:表中数据为 5 点量表计量,其中,1、2、3、4、5 分别表示很差、较差、一般、较好、很好。

对于创业期的企业,还需要关注"法律法规的完善情况"、"企业权益的保障";对于发展期的企业,"行业协会及其职能"是需要进一步完善的方面,而对于下降期和恢复期的企业，政府的宏观指导和支持更加重要。

总的来说，创业期企业对宁波环境的秩序功能评价比其他生命周期阶段的企业要低。这固然有其自身能力较弱的因素，但是也与在企业环境建设中缺乏体现创业阶段企业特定的环境秩序功能需求有关。

第3节 市场经济环境对于主体的成长发展的作用分析

尽管我们在前面已经分析了宁波的企业环境状况，但是企业环境状况与市场主体的成长发展有何关系呢？

为了回答这个问题，我们运用相关分析和回归分析技术深入考查区域环境的各个维度与企业运行有效性的关系。根据 Chrisman 的理论(1998)，我们区分了两类成长发展的绩效指标：生存绩效和发展绩效。生存绩效是由企业当前的财务类经营业绩和高层管理者对企业生存现状的评价构成，而发展绩效是由企业前几年的经营发展指标及高层管理者对企业未来发展的前景评价构成。

发展绩效：发展绩效指标体现了近两年来企业的发展状况，具体包含销售收入两年平均增长率、利润总额两年平均增长率、利税总额两年平均增长率，以及企业高层对于进一步发展的前景评价。由于这些指标的单位及绝对值差异很大，相互之间不能直接比较和相加，我们对各指标进行了标准分数转换，然后相加求得。

生存绩效：生存绩效是关于企业现状的指标，包含年销售收入、产品的产销比、销售利润、利税总额，以及企业高层在与同行业企业比的基础上对企业现状的评价。同样，我们也对各指标作了标准分数转换，然后相加求得。

表7.11是企业的两类绩效指标与环境各个变量之间的相关系数。其中，组织环境的基础资源中，除社会保障体系外，其余两个变量都与企业的生存和发展指标显著相关；人力资源对于企业的价值主要体现在“技术与管理人才的供应情况”与企业发展指标的显著相关上；金融与技术资源中的融资环境与企业生存和发展显著相关，但技术与教育环境的作用似乎不显著。

另一方面，环境秩序的各个方面都与企业生存发展关系密切。其中“行政执法情况”、“行业协会及其职能”和“企业合法权益的保障情况”与企业的生存绩效显著相关。其余方面与两个绩效指标都显著相关。

表 7.11 企业的成长与发展及其与环境之间的相关分析

	评价指标体系	生存指标	发展指标
	生存指标	1	0.323(* *)
	发展指标	0.323(* *)	1
基础资源	1.基础设施(水、电、交通运输等)情况	0.104(*)	0.107(*)
	5.当地的人文环境和思想观念	0.143(* *)	0.130(*)
	15.社会保障体制	0.091	0.058
人力资源	7.人才市场的普通劳动力供应情况	0.059	0.038
	8.技术、管理人才供应情况	0.089	0.111(*)
	9.企业所在区域劳动力成本情况	0.079	0.096
金融与技术资源	16.融资环境:融资渠道、金融机构贷款情况	0.177(* *)	0.133(* *)
	17.技术和教育环境	0.054	0.058
法制环境	4.社会治安状况	0.129(* *)	0.193(* *)
	12.行政执法情况:依法办事,公平、公正、透明的执法环境	0.103(*)	0.071
	11.法制环境:法律法规的完善情况	0.100(*)	0.136(* *)
	2.优惠政策及落实情况	0.144(* *)	0.117(*)
政策环境	18.政府宏观指导和支持情况	0.223(* *)	0.173(* *)
	10.企业合法权益的保障情况	0.048	0.139(* *)
市场环境	13.行业协会及其职能	0.119(*)	0.051
	3.企业经营秩序	0.143(* *)	0.158(* *)
	6.产业环境	0.132(* *)	0.149(* *)

注:* 显著性水平:0.05;* * 显著性水平:0.01

为了进一步深入分析各个外部环境变量对企业成长与发展作用的相对大小,我们分别以企业的生存发展绩效指标为因变量,以环境资源和环境秩序为自变量,进行了逐步回归分析。

表 7.12 是环境资源对企业生存绩效指标的逐步回归分析结果。表中的数据显示,有两个变量进入回归方程:“融资环境:融资渠道、金融机构贷款情况”和“当地的人文环境和思想观念”,说明人文环境与融资环境是企业健康生存的主要影响因素。

表 7.12　环境资源对企业生存绩效指标的回归分析

变　量	回归系数	标准回归系数	t	显著性
常数项	−1.649		−3.940	0.000
融资环境:融资渠道、金融机构贷款情况	0.359	0.142	2.876	0.004
当地的人文环境和思想观念	0.264	0.105	2.122	0.034

注:$R = 0.19$, $a<0.01$

而表 7.13 的环境资源对企业发展绩效指标的逐步回归分析结果进一步揭示,对于企业的进一步发展,除了上述两个方面外,还需要人力资源的支持,其中主要是"人才市场的普通劳动力供应情况"和"企业所在区域劳动力成本情况"。

表 7.13　环境资源对企业发展绩效指标的回归分析

变　量	回归系数	标准回归系数	t	显著性
常数项	−1.200		−2.445	0.015
融资环境:融资渠道、金融机构贷款情况	0.277	0.122	2.245	0.025
当地的人文环境和思想观念	0.269	0.112	2.103	0.036
人才市场的普通劳动力供应情况	−0.410	−0.176	−2.841	0.005
企业所在区域劳动力成本情况	0.316	0.142	2.314	0.021

注:$R=0.224$, $a<0.01$

另一方面,我们也采用逐步回归分析法检验了环境秩序对企业生存绩效和发展绩效的作用,结果分别列于表 7.14 和表 7.15。

从表 7.14 的数据可见,"政府宏观指导和支持情况"和"企业经营秩序"进入了回归方程,说明政府的宏观指导和企业经营秩序的建设对于企业的生存现状是至关重要的。

表 7.14　环境秩序对企业生存绩效指标的回归分析

变　量	回归系数	标准回归系数	t	显著性
常数项	−2.115		−5.068	0.000
政府宏观指导和支持情况	0.444	0.167	3.307	0.001
企业经营秩序	0.332	0.130	2.581	0.010

注:$R=0.235$, $a<0.000$

从表7.15企业发展绩效指标看，经营秩序建设仍然非常重要，而“社会治安状况”的作用替代了“政府的宏观指导”。

表7.15 环境秩序对企业发展绩效指标的回归分析

变　量	回归系数	标准回归系数	t	显著性
常数项	−1.526		−4.505	0.000
社会治安状况	0.317	0.148	2.608	0.009
企业经营秩序	0.264	0.123	2.160	0.031

注：$R=0.227$，$a<0.000$

第 8 章　宁波经济发展与企业成长的对策和建议

经济的发展取决于市场主体的健康成长和发展。如何促进市场主体的成长发展是企业家和各级相关的政府部门都在考虑的重要问题之一。尤其是 2007 年以来，出现了全球化的石油、煤炭、钢铁等原材料价格迅速上涨、劳动力成本的上升、人民币汇率升值幅度加快、国家的信贷紧缩等多重不利的经济形势，再加上由美国次贷危机引发的国际金融危机的雪上加霜，我国企业的生存与发展遇到了前所未有的困难，许多企业家在大喊：冬天来了。宁波的各类企业也感受到"冬季"袭来的一阵阵寒意。

我们的调查研究正是在 2007 年底"冬季"开始之时展开的，其中的一些数据和结果对宁波企业的生存和发展具有一定的现实价值。

第 1 节　优化产业结构、实现三次产业协调发展

如果我们超越具体，从整个宁波来看市场主体的健康发展及活力，那么，它们的生命周期在很大程度上取决于产业结构的布局是否充分体现宁波的经济发展现状、资源禀赋和人文历史等因素。

宁波的三次产业结构，经过前几年的高速发展，实现了第一、二、三次产业的市场主体数量比率为 1.33∶49.10∶49.60 的结构，也就是在市场主体数量上的第三产业和第二产业占绝对多数，且第三产业市场主体略多于第二产业的构局。这样的产业结构在一定程度上反映了宁波这几年来的城市化建设和经济发展成就，体现了宁波的工业化水平的提升，及向后工业化发展的良好趋势。

8.1.1　宁波三次产业结构的发展演化

进入 21 世纪以来，宁波的产业结构不断优化发展，根据三次产业的市场主

体数量关系，可以分为两个阶段：

第一个阶段是2000年到2003年。这期间的产业结构特征为第二产业市场主体数量略多于第三产业、第三产业市场主体数量远多于第一产业的格局。同时，新增市场主体的数量比重，第二产业维持在30%以上，第三产业在70%以下。

第二阶段为2004年之后的几年。2004年，宁波市委、市政府作出加快发展服务业的决策部署，推动了第三产业快速发展。我们的统计数据表明，第三产业的年度新增市场主体的数量比重从此跃上70%的台阶，而第二产业的新增市场主体的数量比重略有减少，在26%～28%之间。同时在三次产业的结构上，实现了第三产业市场主体数量比率对第二产业的超越。

这个发展趋势说明了宁波经济的产业结构正在向合理的方向发展。

8.1.2 宁波的产业结构存在的主要问题

但是，我们也从调查数据中看到了一些发展性问题：

(1)第三产业的内在结构发展不平衡，层次较低。宁波的第三产业，主要由批发零售业、住宿餐饮业、交通运输业、居民服务业等传统的消费性服务业构成，仅"批发零售业"就占了宁波第三产业市场主体数量的50%以上。而在信息与软件服务、现代物流服务、企业金融服务、科学技术服务、商务服务等生产性服务业，市场主体的数量很有限，特别是"教育"、"社会保障和社会福利业"、"科学技术服务业"、"文化体育娱乐业"、"公共管理与社会组织"等市场主体数量，只占整个第三产业市场主体总数的4%以下。

(2)第一产业市场主体数量偏少，质量低。宁波的第一产业市场主体数量仅为总数的1.33%，这一数据与宁波的城市化程度及其超过180万的农村人口(占总人口三分之一)人数相比较，显得比率失调。西方国家的第一产业比重与其高度的城市化一致。以美国为例，第一产业增加值及市场主体数量比率低是与其农业人口仅为3%一致的。

另一方面，从平均注册资金来看，宁波的第一次产业的市场主体平均在90余万元，说明它们绝大多数是规模小、技术低、劳动密集型的。

(3)宁波以制造业为主的第二产业，主要集中在"纺织服装业"、"塑料制品业"、"通用/专用/交通运输设备制造业"、"金属制品制造业"和"电器制造业"等，并形成一定的区域经济特色。但是这些市场主体的产品异质性小、个性化低，在空间上集聚在一起，开展同质性较大的生产经营活动。于是出现了以产品价格为焦点的，在资源、市场和人才等各方面的无序竞争现象。

8.1.3 进一步优化产业结构的对策与建议

(1)改变第三产业中存在的单维结构,加强专业化服务业、生产性服务业和农业服务业的建设,实现宁波的服务业向多元化的高端转移。

目前宁波的第三产业主要是由批发零售业等消费性服务业构成。几年来,尽管出现了一些现代物流、会展和中介服务等新型服务业的发展趋势,但在整个第三产业的比重上还是很低的。尤其是相对于宁波的制造业规模,为这些企业提供专业服务的生产性服务业还处于起步阶段。而生产性服务业在某种程度上代表了知识贸易的发展程度,也是制造业向高端发展的支撑。因此,大力发展与宁波区域经济特色配套的生产性服务业,如针对宁波的纺织服装业、设备制造业、家电制造业、塑料制品业等特色行业,发展专业化程度高的设计、研发、咨询、物流、律师、会计、金融、信息、商务、会展、中介服务等的高端服务业,是宁波第三产业取得多元化发展的新途径。

党的十七届三中全会关于推进农村改革发展的决定加速了我国农村经济发展步伐,也为宁波的农业服务业开创了新的发展空间。在贯彻落实党中央的决定的过程中,抓住时机,加快农业服务业建设,扶持和鼓励农业科技服务业、农村卫生、教育、文化等服务业的发展,更好地服务农业生产、农村发展、农民精神文明建设,为宁波的农业服务业做好开辟性的篇章。

第三产业的多维化结构建设,要求改变传统的经营管理观念,树立专业化生产的思想。同时,要加快服务业市场化步伐,改革行业管理体制,打破行业垄断,放宽准入条件,降低准入门槛,促进民营资本更多地参与服务业发展。

(2)完善知识产权保护体系,规范市场竞争秩序,促进企业自主创新,实现第二产业的健康发展。

改革开放以来,宁波的第二产业经历高速的发展期,已经形成了区域特征明显、外向型主导的格局。但是其中存在着一批同质性高、产品初级化、经济效益差、环境污染大、适应市场经济能力弱的企业。这些企业通过不规范的竞争,蚕食了其他企业的发展空间。因此,要加大对企业的知识产权保护力度,规范市场竞争秩序,完善企业的生存环境,激发企业的自主创新积极性。同时,促进企业的内部管理体系的提升,加强企业的核心竞争力,通过规范的市场竞争,造就一批业务实力强、产品竞争力大的企业,淘汰那些不适合当前经济形势的企业。

(3)贯彻落实党中央的推进农村改革发展的决定,围绕宁波的资源禀赋,大力发展高效益的第一产业。

落实党和国家的农村政策，加强与第一产业相关的基础设施建设，包括基本水利设施、乡村道路、供电、能源、通讯、教育、科技培训等方面的建设。

高效的第一产业是建立在技术创新和管理优化的基础上的。加大力度鼓励技术创新，加快技术推广步伐，用现代技术改造农、渔业等第一产业，提高科技对第一产业增长的贡献率，是发展高效农业的有效方法。但是，根据目前宁波第一产业现状及从业人员的整体素质，迫切需要适当增加对第一产业的引资力度，鼓励工业向农业的渗透，利用现代工业装备农业，提高物质装备对农业发展的支撑能力，发展设施农业和特色农业；用现代管理方法及手段管理农业，推进农业的集约化、规模化、专业化、产业化、市场化和国际化，提高农业劳动生产率，提高农业增长的质量和效益。

第 2 节　遵循企业发展的生命周期规律，实现企业的健康成长

市场经济中的主体，其寿命周期有自身的轨迹。我们可以将企业发展的生命周期现象看作是一个自组织的过程。作为自组织系统的企业在与其生存环境的交互作用中不断发展壮大。

西方经济发达国家的企业，以美国企业为代表，都表现出成长发展的生命周期现象。根据美国商业部公布的数据，美国现在每年平均有 50 万户企业新生，但是这些企业中，一年内倒闭的占 40%，5 年内倒闭的占 80%，10 年内倒闭的占 96%，只有 4%能活过 10 年。另有资料显示，美国大约 62%的企业寿命不超过 5 年，只有 2%的企业存活达到 50 年，中小企业平均寿命不到 7 年，大企业平均寿命不足 40 年。

有新生就有消亡，这个生物界的规律同样适用于我们社会中的各类组织。经济活动中的企业，其健康成长与发展的关键在于政府和企业是否能够根据科学理论和客观规律进行调控、管理和建设，实现企业发展的自组织过程。任何违反规律的调控管理方法都将影响自组织系统的健康发展。

前几年，我国许多研究机构对于我国企业的寿命进行了调查，取得了不同的数据。2005 年全国工商联的《中国民营企业发展报告》揭示，中国每年有 15000 户企业新生，有 10000 户企业注销，平均注销率是 50%。其中一个月注销率达到 5%～10%，60%的民营企业在 6 年内破产，85%的民营企业在 10 年内面临

破产，平均寿命2.9年。广东省社科院的《民营经济发展蓝皮书—2005》数据显示，广东民营企业平均寿命为5年；而2006年第四届浙江民营企业峰会的报告称，浙江省的民营企业平均寿命为7年。

一些学者根据这些数据得出了“我国的企业寿命偏短”的悲观结论。这种根据笼统的平均寿命来判断企业的生长发展情况，显然是肤浅的。我们需要进一步深入分析企业的生存状况。

我们的调查结果揭示，宁波的经济市场主体中有56.9%是在注册后的5年以内注(吊)销的，10年内注(吊)销的有87.9%。这两个数据都高于美国。但是，我国企业的寿命能够达到50年的就寥寥无几了，百分之一都不到，少于美国的2%。

这个结果似乎是在告诉我们一个积极的结果，即宁波市场主体的寿命比美国长些，而且还向我们暗示：宁波的市场主体在出生后的前五年，存在着一些应该在市场竞争中消亡而没有消亡的企业，同时，一些本来可能生存得更好、更长的(如50龄及以上的)企业却提前消失了。

我们倾向于接受第二个暗示，即宁波市场主体中存在着某种程度的“淘而不汰、优而不胜”现象。许多处于良好发展的企业家都感到，由于我国的市场竞争机制存在着不完善的地方，企业的经营环境和秩序还有不规范之处，使得一些质地良好的企业发展受到冲击，而那些本来应该淘汰的企业却得以苟延残喘。

我们不期望将经济建立在以大批长生不老的“古董”企业基础上，而是希望创造一个“长江后浪推前浪”式的企业自组织进化机制，通过促进企业间的良性竞争，淘汰那些生产力落后的、不适合经济发展形势的企业，发展那些通过竞争的“洗礼”而展现出勃勃生机的企业。

8.2.1 改善创业环境、完善市场准入机制，实现企业创业模式的创新

改变创业环境、提升创业层次。在我们的调查中，绝大多数处于创业期的企业主要生产“技术含量一般”的产品，而通过生产低技术含量产品创业的企业也达到16.67%。两者加起来达到96.67%。仅3.33%的企业是以高技术含量的产品生产为创业起点的。所以，这些企业往往是处于那些高新企业所不屑的产业链位置上。它们技术含量低、数量却很大，不可避免地面临着行业之间的激烈竞争，是创业容易、发展困难的企业。我们的调查数据也显示，30.34%的企业认为本行业的竞争非常激烈，有59.41%的企业认为本行业的竞争比较激烈。

这种现象制约了宁波企业按照生命周期规律健康发展的进程，其原因可以追溯到其传统的创业模式。

在宁波的市场主体构成中，“制造业”和“批发零售业”占据了总量的四分之三，分别为宁波市场主体总数的50.83%和25.17%。其中制造业主要由设备制造业（包括“通用设备制造业”、“专用设备制造业”、“交通运输设备制造业”）、“电气机械及器材制造业”、“塑料制品业”、纺织服装制造业（“纺织业”、“纺织服装、鞋、帽制造业”）和“金属制品业”构成，并形成了一定的区域经济特点。

这些企业中的大部分主要是由本地的企业家通过复制或模仿的方式，创办自己的企业，替其他企业进行低技术水平的产品加工，是传统创业模式的结果。根据克里斯琴（Christian，2000）的研究，创业可以分为4种类型：复制型创业、模仿型创业、安定型创业和冒险型创业。其中，复制型创业和模仿型创业主要通过复制创业者所在企业的生产经营模式的创业过程，或模仿其他企业创办自己的企业的过程，所以是创新含量很低的创业。而安定型创业和冒险型创业是以自己拥有的专业特长、技术成果或运营理念为核心的创业活动，是属于创新型创业。其中，冒险型创业可以进一步区分为技术驱动和创意驱动两种。技术驱动创业是建立在创业者的专业特长或技术成果基础上的创业；而创意驱动创业是在创业者的全新运营理念和构想基础上的创业活动。

复制型和模仿型创业往往成本低、风险小，创办的企业先天缺乏进一步发展“养分”，往往寿命比较短，一、两年内在其他竞争者的挤压下，或在产品市场的发展中，逐步跟不上形势，被淘汰出局，或者举步维艰。而以技术和理念创新的企业，在创业初期，成本较大，风险高，但是它们拥有技术和理念的核心，所以具备进一步成长发展的潜质。

改变传统的复制和模仿型创业模式，促进创新型创业模式的发展，能够有效地提升宁波产业构成特征，推出一批建立在新科技基础上的专业性强的市场主体，并实现按生命周期规律健康发展的目标。

当然，实现创业模式从复制和模仿向创新的转变，关键要从创业主体的开发和创业环境的建设上下工夫。

其中从创业的资源上看，首先是创业主体。要改变以前创业主体的当地化、知识程度相对较低的局面，有针对性地研究出台相关的激励政策，并切实得到落实，使高知识层次的各类专业人员在宁波勇于创业、乐于创业。

与传统的创业模式相比，基于创新的创业过程无疑是高风险、高成本的。因此，在创业环境的建设上，不能够很好地解决创业过程中的风险和成本的问题，必然会打击创业者的积极性。要从政策与制度上,解决好创业资本、知识产权保障及交易、创业辅导与孵化、联合创业等问题。

改革市场准入机制,加强监管系统。改善企业的市场准入机制,使之成为好比自组织系统的宽松的发生机制。因为一个宽松的市场准入机制,能够促进更多优质企业获得新生。因此要继续研究放开民营企业的准入领域,取消不合理的政府补贴,继续改革审批制度。而调查结果显示,有 32.82%的企业认为"本行业的进入与退出机制"存在着较大或很大的障碍。

宽松的市场准入机制必须结合监管系统的加强。监管机制直接影响到企业的经营秩序。在调查中,宁波的经营秩序也存在较大的提升空间,有超过一半的企业(50.82%)给予了"一般"和负面的评价。要建立多部门联动的市场监管系统,有效制止行业恶性竞争、制假造假、不履行合同、拖欠货款等问题,使企业在有序的市场环境中展开公平竞争,实现健康发展。

8.2.2 鼓励企业的技术创新,规范企业管理行为,突破成长期的瓶颈

数据分析揭示,一个市场主体在其生命的最初 2 到 3 年是比较弱小的,但是它们在宁波现有的市场主体总数中所占比率比较大,约 37.85%。针对注(吊)销企业的数据分析也得出,约 33.5%的市场主体只有 3 年不到的寿命。突破这个企业成长的关键期特征,需要着重解决好产品/技术资源的更新及企业资源管理的规范化问题。

建立企业的创新机制,实现企业的主动转型。成长期企业发展与成长的这种关键期现象,根本原因在于企业产品的生命周期特征及其与企业的创新能力之间的矛盾。这对于那些依靠技术含量低的初级产品,或缺乏自主产权的模仿性产品创业成功的企业,尤其重要。取样调查数据揭示出,有接近 80%的成长期企业,产品技术含量处在较低或一般的水平上,近 70%的成长期企业没有自主品牌或只有市场知名度很小的品牌。与此相应,这些企业的客户稳定性就比较低,往往受到来自其他企业的极大竞争压力,通常是 2～3 年,就足以把企业挤到失败的边缘。所以他们认为"缺乏关键技术和能力"是企业发展中的主要问题。

市场是变化的,企业也必须以变应变。在当今的经济社会里,不再有"一招鲜、吃遍天"的现象。一个企业固守着老的产品、陈旧的理念和落后的管理体系,必然会被淘汰。只有不断寻求转型,向产业链的高端发展,向价值为中心的经营方向发展,才有可能获得新生。这对于科技含量高的企业尤其重要。调查发现,

科技含量较高、发展快的行业,企业的平均寿命越短。如"信息传输、计算机服务和软件业"总体而言科技含量较高,但是其寿命却较短,平均2.9年。

但是,与此创新要求相矛盾的是成长期的企业研发力量不强,它们大部分没有专门研发机构,于是通过购买技术或与外部研发机构合作似乎是比较可行的方法。

提升管理水平,规范管理行为。数据分析揭示出,企业经营管理者的能力、企业的内部管理规范化,尤其是企业业务流程规范化和灵活性方面的问题,是影响成长期企业核心竞争力的主要因素之一。

8.2.3 处理好企业的外延扩张和内涵发展的平衡,实现企业的多元化发展

多元化发展阶段的企业,其特征在于根据自身的产品技术资源、人力资源、市场资源及研发资源和资本资源情况开展新一轮外延的扩张。但是如果不能兼顾外延扩张和内涵发展平衡,往往会将一个企业推向失败。因此,处在多元发展期的企业倾向于将"管理人员的素质"、"资金短缺""研发能力"等列为主要的发展性问题。为此,着重建设决定企业资源配置格局的管理决策体系成为该阶段的重要任务,要解决好企业决策体制的灵活性与规范性的关系、管理层次与幅度的关系。

8.2.4 以知识管理为核心,构建学习型组织,为成熟期企业不断注入活力

调查表明,进入成熟期企业的特征在于智力资本的跃升,包括研发队伍和管理团队的高端人力资源质量的提升,以及集中于品牌和专利的自主创新能力的增强。

与此相应,企业的内部管理体系也需要从基于他律的管理制度建设转向以自律为中心的反映企业核心竞争力的文化体系构建。

第3节 建立良好的企业生存环境

从生态适应的角度看,环境决定了企业。良好的企业生存环境,是企业健康发展的有效保证。

8.3.1 加大对经济秩序的整治力度，建设有序竞争、坚守诚信的市场环境

调查数据显示，宁波企业的经营秩序存在着较大的改善空间，超过一半的企业(50.82%)给予了"一般"和负面的评价。企业家们特别指出了行业的恶性竞争、制假造假、不按时履行合同、拖欠货款等问题。正是这种情况的存在，才导致了企业生命周期发展过程中的"淘而不汰、优而不胜"现象。于是，一些企业虽然产品结构落后、管理体系不健全，却仍然得以苟延残喘，甚至挤压优质企业的生存空间。

根据调查结果，有 40.83%的企业认为宁波的法制环境(法律法规的完善情况)较差或一般；约 40%的企业认为，企业合法权益保障情况较差或一般。因此，要围绕着为企业营造良好的发展环境来制定政策与法律法规，规范市场竞争行为，保障企业的合法权益。

调查得出，许多企业家把诚信机制建设与企业的健康发展联系起来，他们把信誉看作为任何发展阶段的企业核心竞争力的重要构成部分。缺乏诚信机制的企业环境是劣质企业的土壤，优质企业的坟场。因此，完善企业信用制度，完善和强化失信惩罚机制，是当前迫切需要解决的问题。

8.3.2 发展多元化的融资方式，改善金融环境，减轻企业负担

调查数据显示，融资环境是评价较低的一个方面，超过一半的企业作出了不满意的评价。他们普遍反映融资困难，资金紧张，一些中小企业不得不主要靠自我积累或民间借贷来解决资金问题。因此，需要宁波政府根据国家的金融政策，积极发展多元化的融资方式，增加融资渠道，改善融资环境。

另一方面，企业负担过重也是普遍反映的一个问题，仅有 32.36%的企业对此给予了积极的评价。为此，要积极探索财政和税收政策的改善，切实做好相关的优惠政策的制定和落实工作。

8.3.3 加大人力资源开发力度，改善人力资源供应状况

抽样调查数据揭示，只有不到 1/3 的企业(31.58%)对"人才市场一般的劳动力供应情况"给予了积极的评价；而对"技术、管理人才供应情况"的评价更差，给予积极评价的企业只有 27.27%。深入分析企业人员知识构成情况发现，由管理人员和研发人员构成的高端人力资源状况令人忧虑：

企业中、高层管理人员的知识水平亟待改善。企业管理人员的整体文化水平不容乐观，有66.29%的企业其管理人员的文化水平以高中和大专为主。从企业发展的生命周期阶段来看，多元发展期和成熟期的情况尤其严峻，有一半以上企业的中高层管理团队，其学历主要是高中和大专的。这一人力资源现状与这两个阶段的企业发展要求有差距。

研发人员的专业水平跟不上企业发展战略。宁波企业的研发团队成员，以高中和大专为主的占据了相当大的比重(44.52%)。有接近一半的企业，在多元发展阶段和成熟阶段，研发人员团队的学历水平主要是高中和大专，本科和研究生以上学历的很少(5%左右)。这样的研发力量显然不能适应这两个阶段的企业发展战略。

但是，与企业的人员知识水平较低的现状相矛盾的是“劳动力成本高”成为许多企业忧虑的重要问题。在调查的企业中，有四分之三的企业对“劳动力成本”给予了消极的或中性的评价(仅24.63%的企业作出了积极的评价)。

为了改变这种不利情况，有必要开展人才引进政策创新，建立和完善针对高端人员的社会化职业教育和培训体系，改善技术与教育环境，建立健全职业经理人市场。

8.3.4 继续做好政府的宏观指导和支持工作，建立健全社会化服务与保障体系

尽管调查数据对政府的宏观指导和支持、社会保障体制、行业协会及其职能等方面给予了积极的评价，但是在当前的形势下，需要在政府部门的指导下，利用多种形式和渠道，有组织、有步骤地为企业培育、建立和完善从政府到民间不同层次的社会化服务与保障体系。同时要推进行业协会、商会等各类民间组织和中介机构的作用。

附录1　企业生命周期研究调查—综合管理

企业生命周期及成长发展环境调查

尊敬的公司领导：

这是一项由宁波市工商行政管理局和浙江大学联合开展的“宁波市企业生命周期与发展环境研究”项目的调查问卷。该项目的目的是从学术的角度，系统分析宁波市企业的生命周期特征，了解影响企业成长发展的各种内部因素和外部环境，以便为宁波市各级政府制定促进企业发展政策提供咨询，为广大企业的健康发展提供参考。本问卷所得数据仅供研究分析用，我们对企业提供的原始数据负有保密义务。请各企业负责同志对问卷予以应有重视，并如实反映有关情况。

问卷请于2008年3月15日前填写完成。如果您在填写问卷过程中，遇到问题需要沟通，请随时与我们联系。联系人：陈行峰；电话：0574－87324727。

感谢您的大力支持和配合！

宁波市工商行政管理局、浙江大学联合课题组

1. 企业名称：________________________

2. 所在地：____________；3. 注册时间：____________

4. 企业主营业务：A)农林牧渔业 B)采掘业 C)制造业 D)电力、燃气及水的生产和供应业 E)建筑业 F)交通运输、仓储和邮政业 G)信息传输、计算机服务和软件业 H)批发和零售业 I)住宿和餐饮业 J)金融业 K)房地产业 M)科学研究、技术服务和地质勘查业 N)其他行业：__________

______________；

5. 企业性质：□国有及国有控股公司　□私营及控股企业　□集体企业　□股份合作制企业　□外商及港澳台投资企业

6. 是否跨行业经营：是□，否□；7. 是否有分支机构：有□，无□；

一、企业员工结构

1. 员工总数：______________人；

2. 企业行政管理人员数量：______________人，占企业员工总数：______%

3. 企业市场营销人员数量：______________人，占企业员工总数：______%

4. 企业生产/操作人员数量：______________人，占企业员工总数：______%

5. 企业技术与研发人员数量：______________人，占企业员工总数：______%

6. 中高层管理人员文化水平构成情况：□主要是高中（含职高、中专、技校）及大专文化水平；□主要是大专及大学本科文化水平；□主要是研究生及以上文化水平

7. 企业研发人员的水平构成：□主要是高中（含职高、中专、技校）及大专文化水平；□主要是大专和大学本科文化水平；□主要是大学本科及研究生以上文化水平。

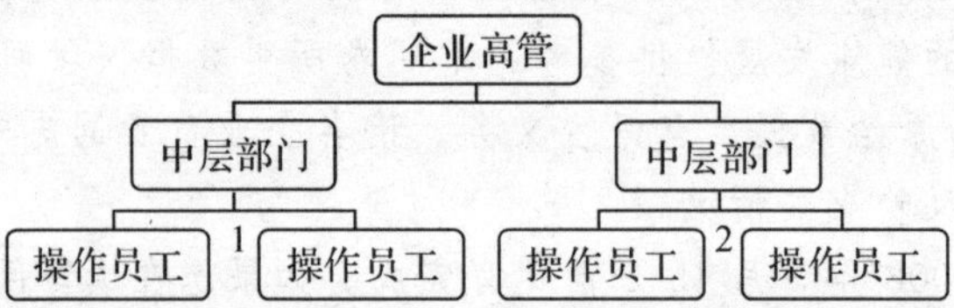

8. 权力等级是指企业从最高管理层到最低操作层之间的层次数量，上图的组织结构表示该企业共有3个权力等级。你的企业从上到下一共（最多）有________层。

5　信息化与质量管理

5.1 质量认证情况：□已经通过ISO系列等国际质量认证　□正在申请认证　□暂无质量认证　□通过其他认证

5.2 企业的质量管理机构、制度健全吗？□健全　□比较健全　□不够健全

5.3 企业的计算机应用与信息化状况：（可多项选择）

□应用于产品设计与开发　□ 应用于生产管理和工业控制

□应用于销售统计与分析　□ 应用于财务管理与会计

□已建立完整企业管理信息系统　□ 已建立企业内部网和企业网页
□ 其他应用　□基本无应用

二、请根据公司的实际情，对下述的各项描述是否符合企业的实际作出评价（请在相关空格内打勾，其中 1 分为不完全不符合企业实际，5 分为完全符合企业实际）

	不符合 1	2	3	4	完全符合 5
1. 企业各层次的管理人员能深入参与企业重大经营决策	□	□	□	□	□
2. 企业决策过于集权，灵活性差	□	□	□	□	□
3. 企业决策过于分权，缺乏综合调控	□	□	□	□	□
4. 决策者的权力和责任相匹配	□	□	□	□	□
5. 决策的实施力度大、执行力强	□	□	□	□	□
6. 企业对各项业务决策建立了规范的流程、并得到执行	□	□	□	□	□
7. 企业业务流程的规范化程度高	□	□	□	□	□
8. 企业业务流程的灵活性很好	□	□	□	□	□

9. 企业在经营管理活动中对各项规章和管理制度的依赖程度						
实际情况多变，工作无法严格照章办事，常常需要灵活处理	1 □	2 □	3 □	4 □	5 □	制定了明确的业务流程，严格按照规章制度和业务流程办事
10. 企业对各个岗位的工作职责界定与实施情况						
工作内容经常变化，员工的实际工作职责经常在领导的要求下变动	1 □	2 □	3 □	4 □	5 □	各个岗位的工作职责和程序都有清楚的定义和描述，并严格执行
11. 企业的管理制度对各个管理层次的决策权的界定情况						
各个管理层次的决策权没有明确界定	1 □	2 □	3 □	4 □	5 □	企业根据决策涉及的金额、范围及后果等因素，对各管理层次的决策权限作出明确的界定
12. 企业的组织结构调整情况						
企业各机构、部门稳定不变，部门职能界定的清晰	1 □	2 □	3 □	4 □	5 □	企业根据业务变化，经常改变机构设置、调整部门设置

三、企业成长发展内部影响因素

1. 如下各方面的问题，哪些是当前企业成长发展中需要迫切解决的？（请在相关空格内打勾，其中 1 分为不是企业目前迫切需要解决的关键问题，5 分为企业目前非常迫切需要解决的问题）

	不迫切 1	2	3	4	完全迫切 5
1.企业规模小	□	□	□	□	□
2.企业缺乏关键技术和能力	□	□	□	□	□
3.生产技术水平低、工艺落后	□	□	□	□	□
4.产品/服务的质量不高	□	□	□	□	□
5.产品/服务的科技含量低	□	□	□	□	□
6.产品/服务的结构单一	□	□	□	□	□
7.技术人才欠缺	□	□	□	□	□
8.企业员工的素质低	□	□	□	□	□
9.管理水平低、管理人员素质亟待改进	□	□	□	□	□
10.企业的生产经营成本高	□	□	□	□	□
11.资金短缺、融资困难	□	□	□	□	□
12.企业研发能力弱	□	□	□	□	□
13.目前企业的主要产品/服务项目市场表现差	□	□	□	□	□
14.我们的市场形象糟糕	□	□	□	□	□
15.企业的市场营销力量不够	□	□	□	□	□
16.缺乏一套科学、规范的企业内部管理体系	□	□	□	□	□
17.缺乏一套企业文化体系以规范员工的思想	□	□	□	□	□
18.组织结构不合理	□	□	□	□	□
19.缺乏清晰的企业发展战略	□	□	□	□	□
20.企业目前的经营理念过时	□	□	□	□	□

附录 2　企业生命周期研究调查—总经理

一、企业发展状况

1. 根据以往的研究，企业的成长发展通常经历的阶段有：

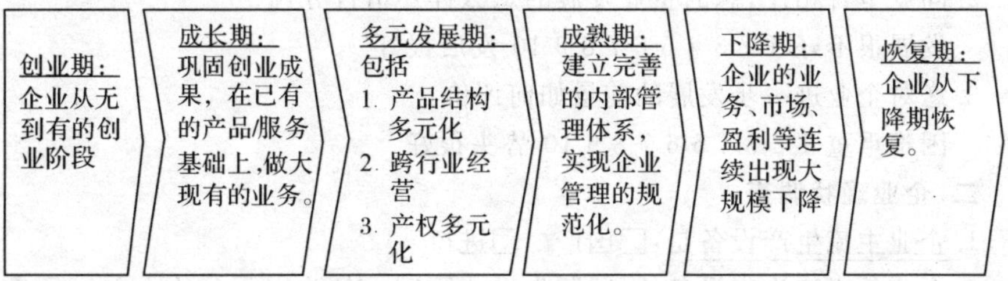

请你参照上述的发展阶段划分，结合企业的实际发展情况，在下表中填写你的企业自创业至今，经历了哪几个阶段，及其顺序（企业的各阶段的实际发展顺序可能和上述的不同，实际阶段也可能），并作出说明：

企业发展阶段	阶段特征描述
阶段一：创业	
阶段二	
阶段三	
阶段四	

企业发展阶段	阶段特征描述
阶段五	
阶段六	

企业目前处于什么阶段：＿＿＿＿＿＿＿＿。

2. 同竞争者相比，您的企业发展的怎么样？请打分：
发展很不好 1 2 3 4 5 6 7 8 9 10 发展很好

3. 您对企业进一步发展的前景如何评价？
困难重重 1 2 3 4 5 6 7 8 9 10 势头很好

二、企业现状调查

1. 企业主流生产设备是：□国产　□进口
2. 企业的主流生产设备：□国际先进　□国内领先　□国内一般　□落后于同行
3. 企业目前使用的主流生产设备，其技术水平相当于国际上：□ 70 年代以前；□ 70 年代；□ 80 年代；□ 90 年代的；□ 2000 年以后的技术
4. 企业主流生产设备已经使用了＿＿＿＿＿＿年。
5. 企业主要产品开发和技术创新模式：□自主开发或合作开发；□仿制或技术已成熟大路产品；□购买技术专利。
6. 企业研发机构：□无专门的研发机构　□设立了专门的产品研发部门　□与高校或科研机构合作
7. 目前企业拥有的专利数量：＿＿＿＿＿＿；
8. 企业产品/服务结构：□单一产品/服务项目　□相同类型的多产品/服务　□不同类型的多产品/服务
9. 企业主要产品的技术含量：□技术含量低、□技术含量一般、□技术含量高
10. 企业的自有品牌：□无自有品牌　□有自有品牌，但市场知名度小　□自有品牌具有一定的市场知名度　□有自有品牌，且市场知名度大
11. 市场营销方式：□完全直销　□直销和代理分销　□二级代理分销　□

多级代理分销 □其他方式：________。

12. 近两年企业产品境内外销售比例分别是：境内 ________%；境外：________%。

13. 企业销售客户的稳定性程度如何？□很稳定 □比较稳定 □一般 □不太稳定 □很不稳定

14. 企业所在行业的竞争程度如何？□非常激烈 □比较激烈 □一般 □竞争不大

15. 配套企业的情况如何：□多 □一般 □较少 □很少

16. 本行业的进入和退出障碍情况：□很大 □较大 □一般 □很小

三、请根据公司的实际情，对下述的各项描述是否符合企业的实际作出评价（请在相关空格内打勾，其中1分为不完全不符合企业实际，5分为完全符合企业实际）

	1 不符合	2	3	4	5 完全符合
1. 企业各层次的管理人员能深入参与企业重大经营决策	□	□	□	□	□
2. 企业决策过于集权，灵活性差	□	□	□	□	□
3. 企业决策过于分权，缺乏综合调控	□	□	□	□	□
4. 决策者的权力和责任相匹配	□	□	□	□	□
5. 决策的实施力度大、执行力强	□	□	□	□	□
6. 企业对各项业务决策建立了规范的流程、并得到执行	□	□	□	□	□
7. 企业业务流程的规范化程度高	□	□	□	□	□
8. 企业业务流程的灵活性很好	□	□	□	□	□

9. 企业在经营管理活动中对各项规章和管理制度的依赖程度

	1	2	3	4	5	
实际情况多变，工作无法严格照章办事，常常需要灵活处理	□	□	□	□	□	制定了明确的业务流程，严格按照规章制度和业务流程办事

10. 企业对各个岗位的工作职责界定与实施情况

	1	2	3	4	5	
工作内容经常变化，员工的实际工作职责经常在领导的要求下变动	□	□	□	□	□	各个岗位的工作职责和程序都有清楚的定义和描述，并严格执行

11. 企业的管理制度对各个管理层次的决策权的界定情况

	1	2	3	4	5	
各个管理层次的决策权没有明确界定	□	□	□	□	□	企业根据决策涉及的金额、范围及后果等因素，对各管理层次的决策权限作出明确的界定

12. 企业的组织结构调整情况

	1	2	3	4	5	
企业各机构、部门稳定不变，部门职能界定的清晰	□	□	□	□	□	企业根据业务变化，经常改变机构设置、调整部门设置

四、如下各方面的问题，哪些是当前企业成长发展中需要迫切解决的？（请在相关空格内打勾，其中1分为不是企业目前迫切要解决的关键问题，5分为企业目前非常迫切需要解决的问题）

	1 不迫切	2	3	4	5 非常迫切
1. 企业规模小	□	□	□	□	□
2. 企业缺乏关键技术和能力	□	□	□	□	□
3. 生产技术水平低、工艺落后	□	□	□	□	□
4. 产品/服务的质量不高	□	□	□	□	□
5. 产品/服务的科技含量低	□	□	□	□	□
6. 产品/服务的结构单一	□	□	□	□	□
7. 技术人才欠缺	□	□	□	□	□
8. 企业员工的素质低	□	□	□	□	□
9. 管理水平低、管理人员素质亟待改进	□	□	□	□	□
10. 企业的生产经营成本高	□	□	□	□	□
11. 资金短缺、融资困难	□	□	□	□	□
12. 企业研发能力弱	□	□	□	□	□
13. 目前企业的主要产品/服务项目市场表现差	□	□	□	□	□
14. 我们的市场形象糟糕	□	□	□	□	□
15. 企业的市场营销力量不够	□	□	□	□	□
16. 缺乏一套科学、规范的企业内部管理体系	□	□	□	□	□
17. 缺乏一套企业文化体系以规范员工的思想	□	□	□	□	□
18. 组织结构不合理	□	□	□	□	□
19. 缺乏清晰的企业发展战略	□	□	□	□	□
20. 企业目前的经营理念过时	□	□	□	□	□

五、企业目前的核心竞争力主要体现在那些方面（限选五项以内）：

□规范的管理体系和高素质的管理队伍　□先进的技术水平
□我们的技术很难模仿　□优秀的产品/服务质量
□研发能力强　□员工素质高
□市场营销能力强　□品牌优势
□企业文化与员工的职业精神　□核心领导的个人能力
□充足的资金来源　□良好的信誉
□有精心设计的运营战略　□规模经济的优势

六、请你根据企业经营管理的实际情况评价企业所处的外部环境，并在相应空格打勾。

	很好	较好	一般	较差	很差
1.基础设施(水、电、交通运输等)情况	□	□	□	□	□
2.优惠政策及落实情况	□	□	□	□	□
3.企业经营秩序(无序竞争)	□	□	□	□	□
4.社会治安状况	□	□	□	□	□
5.当地的人文环境和思想观念	□	□	□	□	□
6.产业环境	□	□	□	□	□
7.人才市场的普通劳动力供应情况	□	□	□	□	□
8.技术、管理人才供应情况	□	□	□	□	□
9.企业所在区域劳动力成本情况	□	□	□	□	□
10.企业合法权益的保障情况	□	□	□	□	□
11.法制环境：法律法规的完善情况	□	□	□	□	□
12.行政执法情况：依法办事，公平、公正、透明的执法环境	□	□	□	□	□
13.行业协会及其职能	□	□	□	□	□
14.企业的负担情况	□	□	□	□	□
15.社会保障体制	□	□	□	□	□
16.融资环境：融资渠道、金融机构贷款情况	□	□	□	□	□
17.技术和教育环境	□	□	□	□	□
18.政府宏观指导和支持情况	□	□	□	□	□

七、请根据你企业的实际情况，指出下列哪些宏观环境因素对企业成长与发展的有着至关重要的影响(限选五项以内)？并请具体指出该因素的关键内容。

□基础设施

哪些基础设施：______________________________。

□优惠政策及落实情况

哪些优惠政策：______________________________。

□企业经营秩序(无序竞争)

哪些方面的经营秩序：______________________________。

□社会治安状况

具体哪些方面：______________________________。

□当地的人文环境和思想观念
具体哪些方面：______________________________。

□产业环境
具体哪些方面：______________________________。

□人才市场及人力资源供应情况
具体哪些方面：______________________________。

□企业所在区域劳动力成本情况
具体哪些方面：______________________________。

□企业合法权益的保障情况
具体哪些方面：______________________________。

□法制环境：法律法规的完善情况
具体哪些方面：______________________________。

□行政执法情况：依法办事，公平、公正、透明的执法环境
具体哪些方面：______________________________。

□行业协会及其职能
具体哪些方面：______________________________。

□企业的负担情况
具体哪些方面：______________________________。

□社会保障体制
具体哪些方面：______________________________。

□融资环境：融资渠道、金融机构贷款情况
具体哪些方面：______________________________。

□技术和教育环境

具体哪些方面：____。

□政府宏观指导和支持情况

具体哪些方面：____。

附录3　企业生命周期研究调查—财务

一、企业规模与经营状况：

1.1 资产总额：________________万元　　1.2 年销售收入：____________ ____万元；

1.3 产品的产销比率：________%。　　1.3 自有品牌产品产值占总产值的：________%

1.4 销售利润率：________%(=利润总额/销售收入)

1.5 利税总额(利润总额+纳税总额)________万元

1.7 销售收入近两年平均增长率：________%

1.8 利润总额近两年平均增长率：________%

1.9 利税总额近两年平均增长率：________%

二、请根据公司的实际情，对下述的各项描述是否符合企业的实际作出评价(请在相关空格内打勾，其中1分为不完全不符合企业实际，5分为完全符合企业实际)

	不符合 1	2	3	4	完全符合 5
1.企业各层次的管理人员能深入参与企业重大经营决策	□	□	□	□	□
2.企业决策过于集权，灵活性差	□	□	□	□	□
3.企业决策过于分权，缺乏综合调控	□	□	□	□	□
4.决策者的权力和责任相匹配	□	□	□	□	□
5.决策的实施力度大、执行力强	□	□	□	□	□
6.企业对各项业务决策建立了规范的流程、并得到执行	□	□	□	□	□
7.企业业务流程的规范化程度高	□	□	□	□	□
8.企业业务流程的灵活性很好	□	□	□	□	□

9.企业在经营管理活动中对各项规章和管理制度的依赖程度

	1	2	3	4	5	
实际情况多变，工作无法严格照章办事，常常需要灵活处理	□	□	□	□	□	制定了明确的业务流程，严格按照规章制度和业务流程办事

10. 企业对各个岗位的工作职责界定与实施情况		
工作内容经常变化，员工的实际工作职责经常在领导的要求下变动	1 □ 2 □ 3 □ 4 □ 5 □	各个岗位的工作职责和程序都有清楚的定义和描述，并严格执行
11. 企业的管理制度对各个管理层次的决策权的界定情况		
各个管理层次的决策权没有明确界定	1 □ 2 □ 3 □ 4 □ 5 □	企业根据决策涉及的金额、范围及后果等因素，对各管理层次的决策权限作出明确的界定
12. 企业的组织结构调整情况		
企业各机构、部门稳定不变，部门职能界定的清晰	1 □ 2 □ 3 □ 4 □ 5 □	企业根据业务变化，经常改变机构设置、调整部门设置

三、如下各方面的问题，哪些是当前企业成长发展中需要迫切解决的？（请在相关空格内打勾，其中1分为不是企业目前迫切需要解决的关键问题，5分为企业目前非常迫切需要解决的问题）

	1（不迫切）	2	3	4	5（非常迫切）
1. 企业规模小	□	□	□	□	□
2. 企业缺乏关键技术和能力	□	□	□	□	□
3. 生产技术水平低、工艺落后	□	□	□	□	□
4. 产品/服务的质量不高	□	□	□	□	□
5. 产品/服务的科技含量低	□	□	□	□	□
6. 产品/服务的结构单一	□	□	□	□	□
7. 技术人才欠缺	□	□	□	□	□
8. 企业员工的素质低	□	□	□	□	□
9. 管理水平低、管理人员素质亟待改进	□	□	□	□	□
10. 企业的生产经营成本高	□	□	□	□	□
11. 资金短缺、融资困难	□	□	□	□	□
12. 企业研发能力弱	□	□	□	□	□
13. 目前企业的主要产品/服务项目市场表现差	□	□	□	□	□
14. 我们的市场形象糟糕	□	□	□	□	□
15. 企业的市场营销力量不够	□	□	□	□	□
16. 缺乏一套科学、规范的企业内部管理体系	□	□	□	□	□
17. 缺乏一套企业文化体系以规范员工的思想	□	□	□	□	□
18. 组织结构不合理	□	□	□	□	□
19. 缺乏清晰的企业发展战略	□	□	□	□	□
20. 企业目前的经营理念过时	□	□	□	□	□

参考文献

[1] 费显政.组织与环境的关系——不同学派述评与比较.国外社会科学,2006年第3期

[2] 马迎贤.资源依赖理论的发展和贡献评析.甘肃社会科学,2005年第1期

[3] 卜华白,刘沛林.企业竞争战略选择的途径确定——一种基于资源依赖理论的分析.湖南社会科学,2006年第2期

[4] 张明星,孙跃,朱敏.种群生态理论研究文献综述.华东经济管理,2006年第11期

[5] 李汶纪.新制度主义理论与产业政策分析框架探讨.社会科学研究,2003年第1期

[6] 郑彬.国内产业集群研究述评.经济与管理,2008年第1期

[7] 耿云飞,梁铖,陈孝阳,缪辰蘐.论产业集群与区域经济发展.农村经济与科技,2008年第8期

[8] 龚勤林.论产业链延伸与统筹区域发展.理论探索,2004年第3期

[9] 梁嘉骅,葛振忠,范建平.企业生态与企业发展.管理科学学报,2002年第2期

[10] 李晓明.一个企业外部环境的分析框架.西北工业大学学报,2006年第3期

[11] 黄杰,独秀英.影响企业经营的宏观环境.理论界,2004年第2期

[12] 席酉民.企业外部环境分析.北京:高等教育出版社,2001年

[13] 陈佳贵.关于企业生命周期与企业蜕变的探讨.中国工业经济,1995年第11期

[14] 宁波市工商行政管理局.宁波市经济主体信息报告.宁波,2006年,NO.1

[15] Adizes, I. Corporate Lifecycles: How and Why Corporations Grow and Die and What to Do about It. Prentice Hall, 1989

[16] Adizes, I. Managing Corporate Lifecycles. Prentice Hall,1999

[17] Burns, Tom & Stalker, G. M.. The Management of Innovation.

London. Tavistock, 1961

[18] Churchill, N. & Lewis, V.. The Five Stages of Small Business Growth. Harvard Business Review, 1983, 61

[19] DiMaggio, P. & Powell, W.. The Iron Cage Revisited: Institutional Isomorphism and Collective Rationality in Organization Field. American Sociological Review, 1983, 48

[20] Greiner, E. Evolution and Revolution as Organizations Grow. Harvard Business Review, 1972, 50

[21] Barney H.. Looking Inside for Competitive Advantage, Academy of Management executive, 1995, 4

[22] Donaldson, L.. The Contingency Theory of Organizations. Sage Publication, 2001

[23] Suchman, M.. Managing Legitimacy: Strategic and Institutional Approaches. Academy of Management Review, 1995, 20

[24] Porter M. Competitive Advantage. New York, NY: Free Press, 1985

[25] Quinn E. "Organization Life Cycles and Shifting Criteria of Effectiveness: Some Preliminary Evidence. Management Science, 1983, 29

后　记

《宁波市场主体发展的实证研究——基于企业生命周期理论》是宁波市工商行政管理局在致力尝试工商行政管理实践与理论相结合，积极提升工商行政管理能力过程中，充分利用市场主体基本信息服务宁波市委、市政府决策，服务社会投资需求的探索之作。

早在 2006 年，宁波市工商行政管理局就依托经多年努力所建立起来的、完整的市场主体信息库，不断从多视角挖掘运用和拓展丰富各种市场主体信息，从而形成和发布了一系列的市场主体信息分析报告，得到了市委、市政府的充分肯定和社会各界的广泛欢迎。特别是市委副书记、市长毛光烈同志给予了极大关注，多次作出批示，并百忙中亲自审阅书稿，并作序。正是得益于宁波市委、市政府的高度重视和社会各界的友情鼓励，才促成本书的顺利成稿，付梓出版。从这个意义上而言，本书是集几年来宁波市工商行政管理局实施市场主体信息分析报告制度之大成的结晶之作。

宁波市工商行政管理局党委书记、局长吕东裕同志担任本书主编，负责全书的主题确定、谋篇布局和审阅定稿；宁波市工商行政管理局副局长朱德人同志负责具体章节设计、工作计划制定以及书稿的审阅；浙江大学马剑虹教授带领其优秀团队为本书成果的编撰付出了艰辛的努力；原宁波市政府办公厅副巡视员李思牧同志，虽古稀之年，仍不辞辛劳，为本书修改、校稿；宁波市工商行政管理局陈行峰同志负责本书具体编务工作的协调和实施；宁波市工商行政管理局各分局和各级民营经济协会负责本书研究的抽样调研和实地走访。

本书在筹划、编辑和出版过程中，得到了宁波市有关部门的鼎力相助和浙江大学出版社的大力支持。本书成果研究被宁波市哲学社会科学发展规划领导小组办公室列为 2007 年度宁波市哲学社会科学规划课题。浙江大学出版社编辑为本书出版付出了辛勤劳动。对此，谨表示衷心感谢。

尽管编者抱有力求此书臻于无憾的心愿，但限于水平，疏漏和不当之处在所难免，敬祈广大读者斧正。

图书在版编目（CIP）数据

宁波市场主体发展的实证研究：基于企业生命周期理论 / 吕东裕主编．—杭州：浙江大学出版社，2009.5
ISBN 978-7-308-06728-7

Ⅰ.宁… Ⅱ.吕… Ⅲ.企业管理—研究—宁波市 Ⅳ.F279.275.53

中国版本图书馆 CIP 数据核字（2009）第 060019 号

宁波市场主体发展的实证研究
——基于企业生命周期理论

吕东裕 主编

责任编辑 王 波
封面设计 刘依群
出版发行 浙江大学出版社
（杭州天目山路 148 号 邮政编码 310028）
（网址：http://www.zjupress.com）
排　　版 杭州好友排版工作室
印　　刷 杭州杭新印务有限公司
开　　本 710mm×1000mm 1/16
印　　张 11.25
字　　数 196 千
版 印 次 2009 年 5 月第 1 版 2009 年 5 月第 1 次印刷
书　　号 ISBN 978-7-308-06728-7
定　　价 30.00 元

浙江大学出版社发行部邮购电话(0571)88925591